MW00711141

JE NE PUIS DEMEURER LOIN DE TOI PLUS LONGTEMPS...

Léopoldine Hugo et son père

FLORENCE COLOMBANI

JE NE PUIS DEMEURER LOIN DE TOI PLUS LONGTEMPS…

Léopoldine Hugo et son père

BERNARD GRASSET
PARIS

ISBN 978-2-246-76141-9

© *Éditions Grasset & Fasquelle, 2010.*

« Le pauvre vieux Jean Valjean n'aimait, certes, pas Cosette autrement que comme un père ; mais, nous l'avons fait remarquer plus haut, dans cette paternité la viduité même de sa vie avait introduit tous les amours ; il aimait Cosette comme sa fille, et il l'aimait comme sa mère, et il l'aimait comme sa sœur. »

Les Misérables, tome II.

CHAPITRE UN

Café de l'Europe
Samedi 9 septembre 1843

Elle s'est souvenue de tout, Juliette. Souvenue pour nous, souvenue pour lui. Le soleil ardent de cet après-midi de septembre. Le hasard sinistre qui les bloque à Rochefort, dans l'élan qui les ramène à Paris, après des semaines de vagabondage amoureux en Espagne. La diligence est pleine, il faut attendre celle de six heures. Allons donc au café tuer le temps, propose-t-elle, lire un ou deux journaux, boire une bière. Elle s'étonne encore, en la racontant, de cette initiative inattendue, prise « pour la première fois de [sa] vie, peut-être ». Et c'est vrai que la Juliette des biographes, et même celle des *Souvenirs*, n'a rien d'une chef de troupe. Là où va Toto, l'amant adulé, l'amant éternel, elle va, sans rechigner, sans se plaindre ni contester. Il n'y a guère qu'au moment du coup d'Etat de Louis-

Napoléon Bonaparte qu'elle révèle – mais attention, c'est pour mieux protéger son grand homme – une nature d'aventurière, laissant entrevoir la silhouette, fugitive et poignante, de la femme de tête qu'elle aurait pu – voulu ? – être.

Va, donc, pour le café de l'Europe. Etablissement banal, au cœur d'une « ville insignifiante », juge un peu vite la Parisienne en goguette. De fait, il n'y a là rien pour frapper l'imagination. Un escalier en colimaçon, la rampe couverte de calicot rouge. La bière qu'apporte le garçon empressé. L'unique client qui fume, face à la patronne. Pas grand-chose de notable donc, et pourtant, Juliette a tout enregistré, avec une précision photographique. Jusqu'à nous permettre de dessiner une géographie des lieux : « à la première table de droite », l'autre client, un jeune homme ; « à gauche », le comptoir. Des journaux sont éparpillés sur une table. On en prend un avec curiosité, gourmandise peut-être. L'insouciance flotte encore, un peu de cet air de vacances qui nourrit l'appétit de catastrophes lointaines, de celles qui offrent la douce illusion que Madame la Mort est occupée ailleurs.

Dehors, une chaleur sèche. Silence absolu dans la salle. Il ouvre le journal, donc, choisi « au hasard ». Et soudain, brutale, grossière, obscène même, pointant son nez sans avoir été le moins du monde invitée… la tragédie. « Voilà qui est horrible ! », s'exclame Victor, changeant de visage. Attention : ni d'expression ni de regard, mais bien de visage... C'est une authentique métamorphose, de celles que narraient les Anciens, qu'on nous raconte là. « Je venais de le voir souriant et heureux et, en moins d'une seconde, sans transition, je le retrouvais foudroyé », raconte Juliette, qui n'est pas pour rien l'amante de l'un des plus grands écrivains du siècle, peut-être du monde. Elle a choisi le mot juste, le mot exact : « Foudroyé. » Elle a vu de ses yeux la foudre s'abattre sur l'homme qu'elle aime. Vécu le sourire effacé, le bonheur anéanti, la vie pulvérisée.

L'instant précis où Victor Hugo a appris la mort de sa fille Léopoldine.

*

Le plus étonnant dans cette page commune aux *Souvenirs* de Juliette Drouet et au traditionnel journal de voyage de Victor Hugo – page écrite par Juliette à la demande de l'écrivain, incapable de raconter cette terrible journée de septembre, lui le graphomane qui noircit au cours de son existence des dizaines de milliers de pages –, le plus étonnant donc, c'est qu'à aucun moment Juliette ne nous informe de ce que contient l'article qu'a lu son cher Toto, son surnom favori depuis le début de leur liaison, dix ans auparavant. Comme si, écrivant pour lui, en son nom, elle ne pouvait se résoudre à dire l'indicible. A inscrire à l'encre noire, de son écriture d'élève appliquée du couvent des dames de Sainte-Madeleine, cette simple phrase : Léopoldine Vacquerie, née Hugo, dix-neuf ans, est morte noyée. Juliette ne nomme même pas la feuille maudite. Il faut donc recourir aux biographes pour apprendre que le journal qu'ouvrit Victor Hugo en ce samedi 9 septembre, c'était *Le Siècle*, reprenant un article vieux de quatre jours du *Journal du Havre* :

« Hier vers midi M. P. Vacquerie, ancien capitaine et négociant du Havre, qui habite à Villequier (…), ayant affaire à Caudebec, entreprit d'accomplir ce petit voyage par eau. Familier avec la navigation de la rivière et la manœuvre des embarcations, il prit avec lui (…) son jeune fils âgé de dix ans, son neveu, M. Charles Vacquerie et la jeune femme de ce dernier, fille comme on sait de M. Victor Hugo. (…) Une demi-heure à peine s'était écoulée que l'on fut informé à terre qu'un canot avait chaviré sur le bord opposé de la rivière, par le travers d'un banc de sable appelé le Dos-d'Ane. (…) On trouva dans le canot le cadavre de M. Pierre Vacquerie (…). Les trois autres personnes avaient disparu. On supposa d'abord que M. Charles Vacquerie, nageur très exercé, avait pu, en cherchant à sauver sa femme et ses parents, être entraîné plus loin. Mais rien n'apparaissant à la surface de l'eau, (…) on dragua les environs des lieux du sinistre, et du premier coup, le filet ramena le corps inanimé de l'infortunée jeune femme qui fut transporté à terre et déposé sur un lit.(...) Mme Victor Hugo a appris ce matin au Havre qu'elle habite depuis quelque temps avec ses deux autres enfants, le terrible coup qui la frappe dans ses affections de mère. Elle est repartie immédiatement pour Paris. M. Victor Hugo est actuellement en voyage. On le croit à La Rochelle [1]. »

Entre le moment où Victor ouvre le journal, au café de l'Europe, et celui où il s'exclame « Voilà qui est horrible! », ne se sont écoulés – à en croire Juliette – que quelques instants. Hugo a sans doute lu le titre (« Mort de la fille de Victor Hugo »), parcouru l'article en état de choc. Il a raconté lui-même, dans *Les Contemplations* – « Oh! Je fus comme fou dans le premier moment » – sa torpeur hallucinée, son incrédulité.

> *« Je voulais me briser le front sur le pavé;*
> *Puis je me révoltais, et, par moments, terrible,*
> *Je fixais mes regards sur cette chose horrible,*
> *Et je n'y croyais pas, et je m'écriais : Non!*
> *(...)*
> *Il me semblait que tout n'était qu'un affreux rêve,*
> *Qu'elle ne pouvait pas m'avoir ainsi quitté,*
> *Que je l'entendais rire en la chambre à côté,*

---

1. Cité dans *Victor Hugo (avant l'exil)*, Jean-Marc Hovasse, pp. 907-908, Fayard, 2001.

Je ne puis demeurer loin de toi plus longtemps...

> *Que c'était impossible enfin qu'elle fût morte,*
> *Et que j'allais la voir entrer par cette porte[2] ! »*

Ce qu'il ne peut raconter dans son journal mais qu'il livre dans un poème, Hugo y reviendra par la suite, encore et encore, dans la fiction. Ainsi, quand Jean Valjean tombe sur un buvard, portant l'empreinte d'une lettre de Cosette à Marius : « Dans les émotions violentes, on ne lit pas, on terrasse pour ainsi dire le papier qu'on tient, on l'étreint comme une victime, on le froisse, on enfonce dedans les ongles de sa colère ou de son allégresse ; on court à la fin, on saute au commencement ; l'attention a la fièvre ; elle comprend en gros, à peu près, l'essentiel ; elle saisit un point, et tout le reste disparaît[3]. »

Victor saisit donc l'essentiel – sa fille est morte –, il lâche le journal, tout le reste disparaît. Juliette le peint décomposé : « Ses pauvres lèvres étaient blanches, ses beaux yeux regardaient sans voir, son visage et ses cheveux étaient mouillés de sueur, sa pauvre main était serrée contre son cœur comme pour l'empêcher de sortir de sa poitrine. » Voici qu'apparaît sous nos yeux le nouvel Hugo, métamorphosé par l'un de ces « effondrements inté-

---

2. *Les Contemplations*, livre quatrième *Aujourd'hui/Pauca meae*, poème IV *Oh! Je fus comme fou dans le premier moment...*, p. 280, Pocket Classiques, 2007.

3. *Les Misérables*, tome II, p. 531, édition d'Yves Gohin, Folio Classique, 2006.

rieurs[4] » dont il est question – toujours dans *Les Misérables* – au moment où à la faveur de cette fameuse lettre étreinte « comme une victime », Jean Valjean comprend que Cosette est amoureuse de Marius : « Il reconnut le précipice ; c'était toujours le même ; seulement Jean Valjean n'était plus au seuil, il était au fond. Chose inouïe et poignante, il était tombé sans s'en apercevoir. Toute la lumière de sa vie s'en était allée, lui croyant voir toujours le soleil[5]. » Chapitre bouleversant, déchirant où Jean Valjean, le bagnard vierge qui n'a aimé qu'une fois, et absolument, le jour où il a rencontré Cosette l'orpheline, doit envisager une vie sans elle, « c'est-à-dire une vie qui ressemblait au dedans d'une tombe[6] ». L'amour juvénile de Cosette pour Marius résonne comme un coup de tonnerre, un drame insoutenable qui, mettant fin à la fusion père-fille, paraît aussi terrible que la mort.

Et que fait-il, Valjean, possédé par cette terreur indicible, ce vertige du vide, envahi par les ténèbres d'une solitude nouvelle ? Il plonge, silencieusement, dans l'abîme. « La pénétration d'une certitude désespérante dans l'homme ne se fait point sans écarter et rompre de certains éléments profonds qui sont quelquefois l'homme lui-même. La douleur,

---

4. *Ibid.*, p. 523.
5. *Ibid.*, p. 524.
6. *Ibid.*, tome I, p. 590.

quand elle arrive à ce degré, est un sauve-qui-peut de toutes les forces de la conscience. Ce sont là des crises fatales. Peu d'entre nous en sortent semblables à eux-mêmes[7]. » « Peu d'entre nous », écrit Hugo, signalant ainsi au lecteur que le narrateur sait précisément de quoi il parle. N'est-ce pas, en effet, ce qu'il a connu à Rochefort, un véritable « sauve-qui-peut », une souffrance qui dépasse le possible ? Ce 9 septembre, oublieux de la torpeur de ce samedi après-midi ensommeillé, Hugo se met à arpenter la ville avec une détermination farouche. Comme si le mouvement incessant de son corps pouvait tenir la douleur à distance, dompter – au moins un temps – la bête sauvage, monstrueuse.

« Mon pauvre Toto avait reçu un coup trop violent pour pouvoir se soulager en laissant une issue à son désespoir », confie Juliette, qui décrit leur promenade folle, insensée et sans larmes « sur de grandes pelouses brûlées par le soleil » au-delà des remparts de Rochefort, dans un paysage sinistre, contaminé par le désastre – « un lieu infect, sans ombre et peuplé d'affreuses mouches grises dont chaque piqûre vous fait une plaie, de monstrueux cousins qui vous harcèlent sans interruption ». C'est dans ce même état de stupeur muette que Juliette et Victor retournent prendre la diligence. Le cocher a lu le journal, il ne quitte pas Hugo des yeux – tris-

---

7. *Ibid.*, tome II, pp. 523-524.

tesse, empathie sans doute, et aussi (il n'est que le premier d'une longue série) fascination hypnotique qu'exerce la vraie tragédie. Il faut à Victor et Juliette quatre jours entiers pour regagner Paris, quatre jours de route cahoteuse, d'aubergistes impatients, de nuits d'hôtel sinistres. Ils mangent à peine, dorment peu, ne parlent guère.

Dimanche, à La Rochelle, Victor déserte sa chambre et frappe à plusieurs reprises à la porte de Juliette, occupée à sa toilette. Peut-être parce qu'elle s'en étonne, il finit par lui confier « qu'il ne peut pas rester seul ». Lundi, à Saumur, il met la main sur les trois derniers numéros du *Siècle*, demande à sa compagne de les lire pour lui et surtout, surtout de « ne lui rien cacher de tout ce qu'ils contiennent touchant l'affreux événement qui s'est passé ». Étrange, éloquente périphrase. La mort de Léopoldine n'est pas un événement, mais un « événement qui s'est passé ». On sent le point d'interrogation qui affleure, l'étonnement encore vivace. A-t-il vraiment eu lieu, cet événement tragique ? Subsisterait-il un espoir de se réveiller de l'« horrible cauchemar » ? De découvrir, que sais-je, une confusion d'identité ou un délire de journaliste ? C'est ce que veut croire Juliette, mais Hugo, lui, est résigné. « Les gens accablés ne regardent pas derrière eux. Ils ne savent que trop que le mauvais sort les suit[8] », affirme le narrateur des *Misérables*. L'affreux événement s'est passé; on n'y reviendra plus.

*

A Rochefort, aveuglé par la violence du choc, égaré par une formulation imprécise de l'article (l'allusion au jeune fils de Pierre Vacquerie présent à bord et victime de l'accident), Hugo s'est persuadé que son dernier fils, celui qui porte son prénom et répond également au surnom « Toto », était lui aussi de la croisière. Il croit donc, jusqu'à la halte de Saumur, avoir perdu son cadet, en plus de sa fille aînée. A Juliette qui vient de lire les numéros du *Siècle* trouvés à Saumur, il adresse un poignant « C'est donc vrai ». Et quand la jeune femme, pensant à Léopoldine, lui répond, désolée : « C'est vrai », il s'effondre : « Et Toto aussi! » « On aurait dit qu'il allait mourir[9] », raconte Juliette. Elle le détrompe. « Hélas, l'épreuve suprême, disons mieux, l'épreuve unique, c'est la perte de l'être aimé[10] », écrira Hugo des années plus tard. Pendant vingt-quatre heures en septembre 1843, l'épreuve a été double.

---

8. *Ibid.*, tome I, p. 110.

9. Les citations de Juliette Drouet sont extraites des pages 85 à 99 des *Souvenirs 1843-1854*, éditions Des Femmes-Antoinette Fouque, édition établie par Gérard Pouchain, 2006.

10. *Les Misérables*, tome II, p. 522, *op. cit.*

Dans les numéros du *Siècle* lus et relus à Saumur – après avoir demandé à Juliette de les lire pour lui, il s'en est vite emparé –, Hugo découvre les circonstances du drame. Un accident idiot, un fait divers comme un autre auquel quelques détails épars donnent une véritable envergure, une sorte de grandeur tragique. Le canot fatal avait été conçu pour des régates par Pierre Vacquerie, l'oncle de Charles, le jeune époux de Léopoldine. Le lundi 4 septembre, il décide de l'utiliser pour se rendre à Caudebec, chez un notaire de ses amis. Madame Vacquerie déconseille cette promenade à sa bru… Léopoldine l'écoute, songe vaguement à repartir pour Le Havre où l'attendent sa mère, sa sœur et son frère Victor. Et puis – terrible ironie du sort – elle se ravise, rechignant peut-être à passer une journée loin de son mari, ou à le laisser courir un risque sans elle. Une fois la petite troupe à bord, la barque se révèle instable, et Pierre Vacquerie tente de la lester avec des pierres. Un coup de vent, un courant traître, un banc de sable et l'embarcation, bien plombée par les cailloux, se met à prendre l'eau. Au lieu d'abandonner l'épave, Léopoldine s'y accroche, et sombre. Ses vêtements n'arrangent rien : corset, jupons, robe… une fois mouillée, la tenue d'une demoiselle comme il faut du XIXᵉ siècle pèse du plomb. La jeune Madame Vacquerie est perdue. On raconte que Charles s'est laissé couler

après avoir tout tenté pour la sauver. L'inhuma-
tion a lieu le surlendemain du drame, dans le petit
cimetière de Villequier, au-dessus de la Seine, en
l'absence d'Adèle et des enfants, repartis pour Paris
aussitôt. Les corps des deux époux ont été réunis
dans un même cercueil.

*

Se figure-t-on ce que c'est que ce long, cet in-
terminable retour? Ce voyage vers l'insoutenable?
Victor chemine vers sa femme, Adèle, la mère de
Léopoldine, en compagnie de Juliette, sa maîtresse.
Pas étonnant qu'il ne dise mot : au choc de la perte
de sa fille, à la farandole endiablée de détails mor-
bides qui se danse dans sa tête, s'ajoute un immédiat, un écrasant sentiment de culpabilité. Une fois
à Paris, il repoussera Juliette, refusera de la voir, la
rudoiera comme jamais au point que près d'un an
plus tard, en juillet 1844, désespérée, elle lui envoie
un dessin d'elle-même se balançant au bout d'une
corde. Hugo, esprit religieux jusqu'au mysticisme,
est convaincu d'avoir été puni par le Très-Haut.
« Ô mon Dieu, que vous ai-je fait! », s'exclame-t-il
dans une lettre à Louise Bertin, une amie proche et
une confidente de Léopoldine, « Dieu ne veut pas
qu'on ait le paradis sur la terre. Il l'a reprise ». Voici
un homme qui a dit et répété, de livre en livre, de
poème en roman, que la volonté divine explique

tout. « Le caprice n'existe pas [11] », lit-on dans *L'Homme qui rit.* Depuis les débuts de sa liaison avec Juliette, en 1833, jusqu'à sa mort, il vit son infidélité (aggravée par son donjuanisme chronique) comme un péché mortel. Le 20 mai 1839, il écrit à sa maîtresse : « Nous avons beaucoup souffert, nous avons beaucoup travaillé, nous avons fait beaucoup d'efforts pour racheter, aux yeux du Bon Dieu, ce qu'il y avait d'irrégulier dans notre bonheur par ce qu'il y avait de saint dans notre amour. » Mais avec le canot de Pierre Vacquerie, la douce illusion s'abîme dans les profondeurs : l'« irrégulier » de sa vie, rien ne peut le racheter ; le « Bon Dieu », courroucé, a châtié l'époux adultère. Non pas en le tuant lui, le coupable – punition trop douce –, mais en le privant de sa fille chérie. Celle à qui il écrivait, au début de l'été, alors qu'il venait de la voir pour la dernière fois : « Je voudrais ne jamais te quitter [12]. »

*

Les étapes se succèdent dans un brouillard : Tours, Blois, Orléans. Le 12 septembre, enfin, Paris. Victor et Juliette se séparent aussitôt. Elle rentre chez elle, comme il le lui a demandé. Mais elle compte bien garder sa place dans la vie du père meurtri et lui adresse aussitôt une longue série de

---

11. *L'Homme qui rit*, p. 155, Folio Classique, Paris, 2007.
12. Lettre du 10 juillet 1843.

missives enflammées. Esseulée, Juliette cherche – en vain – à partager le deuil, à communier avec son amant dans la sanctification de la jeune morte, cet « ange du ciel ». Lui s'enferme place Royale[13], dans la demeure familiale. Comme elles sont étranges, ses retrouvailles avec Adèle ! Pour la seconde fois, les Hugo doivent affronter ensemble la perte d'un enfant. Leur premier-né, un petit Léopold, malingre et de constitution fragile, était mort à deux mois et demi, le 9 octobre 1823. Conçue dans les semaines suivant ce décès, née le 28 août 1824, Léopoldine avait été l'enfant de la consolation, du réconfort. Combien de couples se fracassent sur l'écueil d'un tel malheur ? Victor aspire au contraire à une réconciliation. Le jour même où il apprend le drame, il griffonne cette lettre bouleversée à sa femme : « A tout à l'heure, mon Adèle chérie. Que ces affreux coups du moins resserrent et rapprochent nos cœurs qui s'aiment[14]... » C'est avec elle – et non avec Juliette – qu'il veut partager sa souffrance. Avec elle qu'il contemplera bientôt la jupe de Léopoldine comme une relique sacrée. Avec elle qu'il fera, année après année jusqu'à l'exil, le pèlerinage de septembre au cimetière de Villequier. Le père endeuillé a besoin d'une communion des âmes,

---

13. L'actuelle place des Vosges : l'appartement est aujourd'hui le site du musée de la Maison de Victor Hugo.

14. Cité dans *Victor Hugo (avant l'exil)*, tome I, p. 910, *op. cit.*

l'époux fautif de réconfort, et le croyant d'une expiation collective : si la mort de Léopoldine est le châtiment d'un péché, Adèle aussi est concernée, elle qui fut la première à trahir leurs serments de fidélité...

*

Pendant que les Hugo se terrent place Royale, absorbés corps et âmes par une douleur sans nom, la ville tout entière bruit de leur malheur. Voilà près de six mois, on était à la noce, à s'extasier sur la mariée, sa taille fine, ses cheveux de jais et cet ineffable air de bonheur qui flotte sur les mariages d'amour... Car elle avait épousé son premier galant, la toute jeune Léopoldine, au nez et à la barbe des ambitieux qui fréquentaient le salon Hugo, tous gens de lettres aux dents longues, si alléchés par le titre enviable de gendre du grand homme. On s'était pressé sur les marches de l'église, on avait rêvé d'être invité au dîner très privé donné pour les proches place Royale. Et puis surtout... on avait bavardé : quel intérêt, au fond, que le mariage de la fille Hugo avec un bourgeois de province si ce n'est de pouvoir en parler ? Commentaires à l'infini donc ; ricanements, aussi, autour des petits arrangements hugoliens avec la moralité (nul n'ignore l'existence de Juliette, ni même la liaison passée d'Adèle avec Sainte-Beuve, ex-ami de la famille).

Pour tout ce que le Paris littéraire et politique compte de gens influents, Léopoldine était déjà une célébrité. A présent qu'elle repose dans un délicieux petit cimetière normand, la damoiselle devient une légende. Ravissante noyée, au teint d'albâtre et à la chevelure de sirène ; nouvelle Ophélie, ballottée au gré de la rivière traîtresse... Rêve-t-on plus belle fin pour une fille de poète ?

Il y a une joliesse trompeuse, dans l'histoire qui se raconte dès cette époque, cette légende dorée de Léopoldine Hugo : une jeune mariée aimée avec passion ; une noyade tragique ; un époux dévoué qui tente vainement de la sauver et préfère périr plutôt que de lui survivre... Ce véritable conte romantique, Victor Hugo le forge en partie lui-même. Peut-être parce que, de son vivant, il a secrètement détesté l'homme qui osait lui ravir sa fille – « car c'est une lâcheté de venir faire les yeux doux à des filles qui ont à côté d'elles leur père qui les aime [15] » –, il est le premier à en vanter l'héroïsme, à propager l'idée – pourtant invérifiable – que Charles a choisi de se laisser mourir avec sa bien-aimée... Un 4 septembre 1852 – neuf ans après, jour pour jour –, il consacre même un poème à son gendre, où il imagine les derniers instants du couple :

> *« Leurs âmes se parlaient sous les vagues rumeurs.*
> *Que fais-tu ? disait-elle. – Et lui, disait : – Tu meurs ;*

---

15. *Les Misérables,* tome II, p. 524, *op. cit.*

Café de l'Europe...

> *Il faut bien aussi que je meure ! –*
> *Et, les bras enlacés, doux couple frissonnant,*
> *Ils se sont en allés dans l'ombre ; et, maintenant,*
> *On entend le fleuve qui pleure* [16]. »

Cette version des faits le réconforte, sans doute, dans sa tentative de donner du sens à l'impensable. Elle adoucit le drame en offrant à Léopoldine un réconfort précieux au moment du trépas. Mais elle ne saurait masquer la vérité âpre, violente, celle qui traverse les pages du *Journal* : le choc indicible du café de l'Europe, le corps occupé – comme on le dit d'un territoire – par la souffrance, la promenade hallucinée sous les remparts de Rochefort, le retour muet vers Paris, le rejet de la maîtresse et l'élan vers l'épouse… Le séisme qu'est la mort de Léopoldine. L'inconsolable que devient Victor Hugo. L'épreuve suprême, l'épreuve unique. Longtemps, très longtemps après le 9 septembre 1843, racontant le désespoir de Valjean quand il découvre que Cosette aime, l'écrivain ne choisit pas sa métaphore au hasard : « il vit que c'était décidément fini, qu'elle lui échappait, qu'elle glissait de ses mains, qu'elle se dérobait, que c'était du nuage, que c'était de l'eau [17]… » De l'eau, Cosette amoureuse. De l'eau, Léopoldine défunte.

---

16. *Les Contemplations,* livre quatrième : *Aujourd'hui / Pauca meae,* poème XVII *Charles Vacquerie,* p. 304, *op. cit.*

17. *Les Misérables,* tome II, p. 523, *op. cit.*

« … *celui que la nature a fait Hugo* »

Le 4 septembre 1843 – au moment même où, à l'autre bout de la France, Léopoldine accepte de monter dans le canot de Pierre Vacquerie, et s'embarque sans le savoir pour ses derniers instants ; cinq jours avant la halte du café de l'Europe –, Juliette et Victor sont à Agen dont ils visitent la cathédrale. « Riche au-dedans, pauvre au-dehors », note Hugo, laconique, dans son *Voyage aux Pyrénées*. Alors qu'il s'attarde dans la sacristie, le curé lui adresse la parole, pour lui faire remarquer un tableau. Une conversation se noue sur l'état calamiteux des finances de la paroisse. « Ses revenus lui ont été supprimés à la révolution de Juillet », explique Juliette. Victor, de son côté, résume : « On n'accorde rien pour entretenir l'église [1]. » Les récits de voyage, ainsi

---

1. Cité par Juliette Drouet dans *Souvenirs 1843-1854*, p. 108, *op. cit.*

que *Choses vues* – l'ensemble de ces carnets où il jette ses réflexions jour après jour – en témoignent : Hugo goûte les rencontres de hasard, les discussions improvisées. Il les aime en écrivain, bien sûr – combien de ces petits faits vrais se sont ainsi frayé un chemin jusqu'aux *Misérables* ou aux *Travailleurs de la mer*! –, mais aussi en homme politique. Deux ans après la mort de Léopoldine, il sera nommé pair de France, le résultat d'une fréquentation longue et assidue des cercles du pouvoir. Son ambition, son opportunisme même ne font guère de doute. Reste qu'il est aussi habité par un véritable souci d'autrui, et une curiosité insatiable.

Hugo et le prêtre discutent donc, et le bon père comprend vite que ce monsieur élégant, qui s'intéresse à ses malheurs et lui promet généreusement son soutien, compte pour quelque chose à Paris. Il lui demande son nom. Victor « ne peut pas le lui cacher », explique Juliette, tant la demande est « respectueuse et presque touchante ». Le voici qui « déchire une feuille de papier de son portefeuille, écrit son nom et le met dans le bréviaire du prêtre en le priant de ne pas le nommer à personne, même à l'archevêque, avant quelques jours ». Victor Hugo dans le bréviaire! Le raccourci est plaisant, et dit assez le prestige du poète, l'aura sacrée qui l'entoure. Il faut voir la réaction du prêtre : il « promet tout, puis il ouvre son bréviaire, lit le nom

28

de Toto et sa figure resplendit [2] ». Ainsi la grâce du visiteur prestigieux, qui a cette suprême élégance de rester discret, rejaillit-elle sur ceux qui l'approchent.

Souvenons-nous de *L'Histoire d'Adèle H.*, le film que François Truffaut a consacré à la sœur cadette de Léopoldine, prénommée Adèle comme leur mère. Adèle, donc, désespère de reconquérir le beau lieutenant Pinson, indifférent alors qu'elle a quitté Guernesey pour le suivre jusqu'à Halifax, au bout du monde. Un soir, elle assiste au spectacle d'un prestidigitateur apparemment surdoué. Croyant déceler chez lui un don authentique pour le surnaturel, elle le suit en coulisses, implore son aide. Pourrait-il, grâce à son étonnant pouvoir, rendre un homme amoureux d'elle ? Transformer sa haine en passion dévorante ? Ou peut-être l'hypnotiser assez longtemps pour qu'il accepte de l'épouser ? Le magicien temporise, puis se laisse séduire et convient que tout est possible… en échange d'une somme d'argent conséquente. Pas de problème, assure Adèle, de l'argent, son père en a beaucoup, c'est un homme riche et célèbre. Le bonhomme paraît sceptique, il s'impatiente : « Mais qui est votre père ?… » La jeune fille entrouvre les lèvres, elle hésite à répondre. Elle s'approche d'un miroir embué et, lentement, elle trace les lettres : VICTOR HUGO. Puis, de sa main gantée de cuir,

---

2. *Souvenirs 1843-1854*, p. 52, *op. cit.*

elle efface aussitôt l'inscription. Elle n'aura pas prononcé le nom, son nom, celui qui pèse si lourd sur ses frêles épaules. Stupeur de l'autre. « Ou bien vous n'avez aucun lien de parenté avec l'homme que vous dites et vous ne réussirez jamais à vous procurer assez d'argent, je ne pourrai rien pour vous. Ou bien vous êtes réellement sa fille, et alors je ne peux courir un tel risque [3]. »

C'est cela, la célébrité de Victor Hugo. Un nom que l'on chuchote avec une sorte de terreur sacrée. Une réputation à illuminer le visage des prêtres et à faire trembler les empereurs. Il n'avait pas vingt-six ans qu'on annonçait déjà la publication de ses œuvres complètes en dix volumes. Les libraires vendent son portrait que romantiques et jeunes lectrices en pâmoison affichent dans leurs chambres. Le soir de la première d'*Hernani* – qui suscite une bataille mémorable, partisans et adversaires s'affrontant à grands cris dans la vénérable Comédie-Française –, son ami Théophile Gautier le regarde avec stupeur : « Nous étions étonnés de le voir marcher avec nous

---

3. *L'Histoire d'Adèle H.*, François Truffaut, 1975. L'épisode de l'hypnotiseur est emprunté à une lettre de François-Victor Hugo – frère d'Adèle – à leur mère : « Adèle poursuit la réalisation de son rêve à travers des chemins de plus en plus absurdes. La voilà qui songe à endormir ce monsieur par le magnétisme et à l'épouser endormi. L'opération coûterait 5 000 francs qu'elle prie mon père de lui avancer sur sa dot. » Hiver 1863-64, cité dans *Le Journal d'Adèle Hugo*, Vol. 1, pp. 86-87, Minard, 1968.

comme un simple mortel[4]. » Un simple mortel,
voilà bien ce qu'Hugo n'est jamais aux yeux de
ses contemporains. Un génie, un colosse, un lion,
un phénomène, un « soleil et pas seulement un
volcan[5] », écrit George Sand... les métaphores ne
manquent pas. Mais un mortel, ça non ! La preuve,
il survit aux critiques les plus féroces : Hugo est
attaqué avec une virulence tenace jusqu'à son
retour d'exil, quand, devenu un respectable grand-
père, il apparaîtra comme une autorité morale
supérieure. Mais auparavant, que de tempêtes !
Que d'invectives ! « Déluge de mauvais goût », juge
Balzac – un ami – à la sortie de *Notre-Dame de
Paris.* « Impardonnable », décrète Lamartine – un
proche – à la lecture des *Misérables.* Grotesque,
Ruy Blas ; épouvantable, *Le Roi s'amuse* ; injouable,
Les Burgraves. Évoquant les déboires publics de son
ancien ami – pris en flagrant délit d'adultère avec
sa maîtresse Léonie Biard –, Sainte-Beuve écrit :
« Vous avez su l'affaire de Victor Hugo et l'éclat de
ce scandale énorme. On le blâme, on le plaint, on
en raille. Moi, je dis tout simplement ce que j'ai
souvent dit de lui à propos de ses dernières œuvres :
c'est lourd et c'est lourdement fait[6]... » C'est en
tout cas assez pour valoir au cher Sainte-Beuve le
titre de meilleur ennemi.

---

4. Cité dans *Victor Hugo (avant l'exil)*, p. 427, *op. cit.*
5. *Lettres d'une vie*, George Sand, lettre du 24 mai 1857, pp. 880-882, choix
et présentation de Thierry Bodin, Folio Classique, 2004.
6. Cité dans *Léonie d'Aunet*, Françoise Lapeyre, p. 107.

La réception de *L'Homme qui rit*, en 1868, est particulièrement mauvaise. Quelques mois plus tard, Hugo écrit : « Le succès s'en va. Est-ce moi qui ai tort ? Est-ce mon temps qui a tort ? Si je croyais avoir tort, je me tairais. Mais ce n'est pas pour mon plaisir que j'existe ; je l'ai déjà remarqué[7]. » Or, justement, le succès ne s'en va jamais tout à fait, pas plus que le sentiment d'une mission divine dont serait investi le poète. Le 3 septembre 1843, veille de la mort de sa fille, Victor dîne avec Juliette à Auch, dans un hôtel choisi au hasard... et se rend compte, non sans stupeur, que le papier peint de la salle à manger représente Quasimodo, Esmeralda, Frollo... bref, une farandole de personnages empruntés à *Notre-Dame de Paris* ! Douze ans plus tard, son arrivée sur l'île de Guernesey produit un effet certain sur les habitants : « toutes les têtes se sont découvertes quand j'ai passé[8] », raconte-t-il à Adèle dans une lettre. C'est toujours à Guernesey qu'une missive ainsi adressée lui parvient : « *Monsieur Victor Hugo. Océan.* » Un jour, faisant ses courses sur Beresford Street, il entre chez l'épicier Charles Asplet et découvre, dans le salon attenant au magasin, ses propres « œuvres complètes reliées,

---

7. Cité dans la préface de *L'Homme qui rit*, p. 16, *op. cit.*
8. Lettre du 1ᵉʳ novembre 1855.

dans une haute et large bibliothèque surmontée d'un buste d'Homère[9] ».

Ce n'est pas tout. Dans son entourage le plus proche, on le traite comme l'égal de Dante ou de Shakespeare. A quinze ans, Léopoldine lui écrit : « J'ai pensé à ta pièce, mon bien-aimé père, je suis bien fière et bien glorieuse de cette œuvre-là, moi qui porte ton nom, je sens bien vivement combien je suis heureuse de t'avoir pour père, j'en remercie de tout mon cœur le bon Dieu[10]… » Et quelques mois plus tard : « Je suis fière de toi, cher papa, ton nom que je porte me fait l'effet d'une couronne[11]. » Le nom, donc, mais aussi la personne même, sont portés aux nues. Ainsi Juliette Drouet vit en véritable recluse pour satisfaire le bon plaisir de son génial amant… et sombre dans une folie fétichiste des plus troublantes, effet d'une authentique passion amoureuse, bien sûr, mais aussi d'une étonnante sacralisation de l'artiste : « Je reste seule avec ton souvenir et mon amour, tâchant de reprendre dans les choses que tu as touchées, qui t'ont servi, que tu as regardées, un atome du bonheur qui m'emplissait le cœur tout à l'heure. J'ai bu ce que tu avais laissé dans ton verre, je rongerai ton petit bout d'aile de poulet, je me servirai de ton couteau,

9. *Les Travailleurs de la mer,* Folio Classique, 2006, p. 82.
10. *Correspondance de Léopoldine Hugo,* lettre du 24 ou 27 août 1839, pp. 203-204, édition critique de Pierre Georgel, Klincksieck, Paris, 1976.
11. *Ibid.,* lettre du 5 octobre 1839, p. 224.

je mangerai dans ta cuiller. J'ai baisé la place où ta belle tête avait reposé. J'ai mis ta canne dans ma chambre. Je m'entoure, je m'imprègne de tout ce qui t'a approché [12]. »

Les couverts, la canne, l'oreiller… et même un petit bout d'aile de poulet transformés en reliques saintes. Le curé illuminé par son apparition. Léopoldine auréolée par son nom. Juliette en extase, telle une Thérèse d'Avila profane. Quelle figure surnaturelle, divine même, que ce Victor Hugo ! En 1842, lors de la publication de *Rhin*, un récit de voyage, Lamartine écrit à l'auteur : « Ce livre vous fait politique. Le roi vous fera pair et nous vous ferons ministre. Mais qu'importe tout cela à celui que la nature a fait Hugo [13] ? »

*

Auréolé d'une gloire invraisemblable, et en même temps critiqué à l'extrême, Hugo trouve chez lui, dans la chaleur d'un foyer où on le célèbre comme un dieu vivant, un réconfort certain. Le goût de la sphère intime, l'intensité des relations affectives, le lien privilégié avec les enfants… Autant de traits touchants et véridiques, qui humanisent le

---

12. Lettre du 8 août 1845.
13. Cité dans *Victor Hugo (avant l'exil)*, p. 847, *op. cit.*

monstre sacré. Quand il écrit, à Guernesey, ce vers d'une beauté simple :

« Je n'ai point d'autre affaire ici-bas que d'aimer [14] »

ce n'est pas une révélation de la dernière heure mais l'affirmation de l'une des grandes vérités de son existence. Ils sont nombreux, encore plus sans doute parmi les « grands hommes », ceux qui découvrent sur le tard les plaisirs familiaux, les joies de la paternité ou même de la vie amoureuse. Trop de batailles à mener dans leurs jeunes années, trop de Narcisse en eux peut-être… A quoi s'ajoute, au beau milieu du XIXᵉ siècle, l'idée que la vraie vie est ailleurs. La maison n'est guère qu'un lieu de repli, le royaume d'une épouse que l'on espère soumise et disposée, à tout moment, à fêter le retour de l'époux prodigue. Or – ce n'est pas la moindre de ses singularités –, Victor Hugo, marié à vingt ans, père à vingt et un, se plaît infiniment chez lui, et goûte le temps partagé avec femme et enfants :

> *« Oh ! Que de soirs d'hiver radieux et charmants,*
> *Passés à raisonner langue, histoire et grammaire,*
> *Mes quatre enfants groupés sur mes genoux, leur mère,*

---

14. *L'Art d'être grand-père*, partie I : *A Guernesey*, poème IX, p. 47, NRF, Poésie Gallimard, 2002.

35

Je ne puis demeurer loin de toi plus longtemps…

Tout près, quelques amis causant au coin du feu !
J'appelais cette vie être content de peu [15] *! »*

*

Victor Hugo a épousé très jeune son grand amour d'adolescence, la belle Adèle Foucher, rencontrée au vert paradis des Feuillantines. Troisième fils d'un couple qui bat de l'aile, le futur écrivain passe ses sept premières années ballotté sur les routes d'Europe avec ses frères Eugène et Abel, au gré des tentatives de réconciliations parentales. Bastia et l'île d'Elbe quand il est encore bébé ; Naples lorsque son père accompagne Joseph Bonaparte dans la campagne d'Italie ; l'Espagne enfin, ses paysages dévastés par la guerre, ses scènes d'horreur qui le marqueront à jamais quand le général Léopold Hugo y est en poste. Chaque équipée suscite un espoir vibrant chez le jeune garçon. « Au bout de ce voyage était un père [16] », écrira Adèle (sous la dictée de son mari) à propos du départ pour l'Espagne dans *Victor Hugo raconté par un témoin de sa vie*. Père retrouvé, vite perdu à nouveau : le général Hugo est trop absorbé par les déchirements avec son épouse Sophie, et les fâcheries avec sa maîtresse Catherine, pour consacrer beaucoup de temps à ses garçons. Les Feuil-

---

15. *Les Contemplations*, livre quatrième : *Aujourd'hui/Pauca Meae*, poème V : *Elle avait pris ce pli dans son âge enfantin…* p. 281, *op. cit.*
16. Cité dans *Victor Hugo (avant l'exil)*, p. 122, *op. cit.*

lantines, un ancien couvent, seront la première demeure stable des Hugo, et Léopold n'y habitera jamais. C'est la demeure des trois fils, de leur mère et du probable amant de celle-ci, le général Lahorie qu'elle cache jusqu'à son exécution en 1812 et qui est aussi le parrain de Victor.

A partir de ce moment-là, Léopold Hugo ne fait plus que des apparitions ponctuelles dans la vie de ses fils. Seules ses visites peuvent troubler la paix des Feuillantines, transformant un quotidien harmonieux en tourmente proprement effrayante pour les enfants : cris, larmes, scènes de ménage. C'est autant par besoin de réconfort et de douceur que par affinités naturelles que Victor forme avec la petite Adèle Foucher, la fille des voisins, un tandem bientôt inséparable. A l'adolescence, la demoiselle devient l'objet d'une intense rivalité amoureuse avec son frère Eugène… Victor l'emporte, précipitant peut-être la détérioration de l'état mental de son aîné, déjà très affecté par la mort de leur mère en 1821. Le 12 octobre 1822, après la cérémonie de mariage de Victor et Adèle Hugo à Saint-Sulpice, Eugène fait une crise de démence en plein dîner. L'année suivante il est enfermé à l'asile de Charenton, où il mourra en 1837.

Cerné par la souffrance, la mort et la folie, Hugo ne trouve de repos, de consolation que parmi les siens. Non que le couple avec Adèle échappe aux outrages du temps, bien au contraire. Après la naissance de leur dernier enfant, les Hugo se mettent à faire chambre à part. La romance de Madame Hugo avec le meilleur ami de son mari, Sainte-Beuve, fait jaser tout Paris, d'autant que l'amant, parrain de la plus jeune des filles, aime à laisser entendre (contre toute vraisemblance) que l'enfant est de lui. Victor, de son côté, noue avec Juliette Drouet, une actrice ravissante douée d'un goût certain pour le sacrifice, une liaison qui a tout d'un second mariage. Il s'autorise aussi toutes les amours passagères que lui offrent sa prestance, son charisme et sa célébrité. En 1836, en vacances avec Juliette pour l'un de ces fameux voyages estivaux qui le conduiront à Rochefort le 9 septembre 1843, le voici tout gaillard, qui écrit à son épouse légitime : « De Mayenne, j'ai été à Jublaire, où il y a un camp de César que j'ai parcouru guidé par la plus jolie fille du monde qui m'offrait des roses fraîches et de vieilles briques, tout en sautant lestement par-dessus les clôtures, sans trop s'inquiéter de ses jupons. Et puis elle m'a montré un temple romain, et beaucoup de choses romaines, et beaucoup de sa personne. En la quittant, je lui ai donné un écu, elle m'a demandé un baiser. Pardon, je te raconte la chose comme elle est [17]. »

Le « pardon » est de pure forme : Adèle doit

---

17. *Récits et dessins de voyage*, lettre du 22 juin 1836, Renaissance du livre, 2001, p. 24.

plutôt apprécier que les infidélités de Victor frappent Juliette autant qu'elle. Elle prodiguera d'ailleurs beaucoup de sympathie et de solidarité féminine à Léonie, le moment venu. Couple libre, donc, où on se raconte les choses comme elles sont sans craindre les blessures d'amour-propre ni les réflexes possessifs, les Hugo résistent de la sorte à toutes les secousses, unis par la force des liens familiaux. En mai 1859, Victor écrit de Guernesey à son fils Charles, parti à Londres pour quinze jours : « Dans le groupe à part que nous faisons, nous avons toujours de la peine et de l'arrachement à nous séparer, même pour peu de temps. Sur cette terre, ce qu'il y a de mieux pour nous, c'est nous. Il n'y a rien hors de cela : s'aimer [18]. »

*

« Le groupe à part que nous faisons », dit Hugo. Voilà qui est révélateur. S'il est un grand homme tour à tour adulé et détesté par ses contemporains, Victor est surtout un génie à ses propres yeux, un homme réellement « à part », investi d'une mission par Dieu lui-même. Après la mort de Léopoldine, il s'en prendra directement au Créateur :

> « *Mon œuvre n'est pas terminée,*
> *Dites-vous. Comme Adam banni,*

---

18. Cité par Henri Guillemin, *Hugo*, Le Seuil, 1993, lettre du 14 mai 1859.

Je ne puis demeurer loin de toi plus longtemps...

Je regarde ma destinée,
Et je vois bien que j'ai fini.

L'humble enfant que Dieu m'a ravie
Rien qu'en m'aimant savait m'aider ;
C'était le bonheur de ma vie
De voir ses yeux me regarder.

Si ce Dieu n'a pas voulu clore
L'œuvre qu'il me fit commencer,
S'il veut que je travaille encore,
Il n'avait qu'à me la laisser !

Il n'avait qu'à me laisser vivre
Avec ma fille à mes côtés,
Dans cette extase où je m'enivre
De mystérieuses clartés ! »

Poème sublime, cri de douleur d'un Hugo en révolte contre Dieu et la tâche harassante qu'Il lui a assignée – cette œuvre littéraire colossale, cette mission politique écrasante... Comment pardonner la cruauté suprême de la disparition de sa seule récompense, de sa raison de vivre, Léopoldine ? Hugo reprend :

« Ces clartés, jour d'une autre sphère,
Ô Dieu jaloux, tu nous les vends !
Pourquoi m'as-tu pris la lumière
Que j'avais parmi les vivants ?

« … *celui que la nature a fait Hugo* »

> *As-tu donc pensé, fatal maître,*
> *Qu'à force de te contempler*
> *Je ne voyais plus ce doux être*
> *Et qu'il pouvait bien s'en aller* [19] *?* »

L'hypothèse est pour le moins étrange. Ainsi, Hugo aurait voulu si fort satisfaire les exigences du Très-Haut en accomplissant la destinée littéraire qu'Il lui a impartie, qu'il en aurait négligé sa fille… et provoqué sa mort. On sent ici poindre cette culpabilité familière à toute âme endeuillée : l'angoisse de n'avoir pas assez manifesté son amour ou prodigué d'attention au défunt. D'où *Pauca meae*, la partie des *Contemplations* consacrée à Léopoldine : un splendide monument funéraire pour rattraper le temps perdu, dire, encore et encore, l'amour vibrant du père pour la fille, son « ange », sa « lumière ». D'où, beaucoup plus tard, le recueil *L'Art d'être grand-père*, avec son exaltation des enfants de Charles Hugo, Georges et Jeanne. Comme si dire son amour, sa gratitude d'avoir reçu pareil cadeau de la vie, était une manière de conjurer le sort, d'apaiser un Dieu jaloux.

Baudelaire lui-même – que l'on sait peu friand de ce genre de choses – cite les « joies de la famille » comme l'un des grands thèmes hugoliens dans un

---

19. *Les Contemplations,* livre quatrième : *Aujourd'hui/Pauca meae,* poème III : *Trois ans après,* p. 275-279, *op. cit.*

41

article publié pour la parution de *La Légende des siè-cles* : « Quant à l'amour, à la guerre, aux joies de la famille, aux tristesses du pauvre, aux magnificences nationales, à tout ce qui est plus particulièrement l'homme (…) qu'avons-nous vu de plus riche et de plus concret que les poésies lyriques de Victor Hugo [20] ? » Plus étonnant encore, la geste hugo-lienne inspire au poète du laid, du méchant et du bizarre un véritable éloge de la bonté : « Peu de personnes ont remarqué le charme et l'enchante-ment que la bonté ajoute à la force et qui se fait voir si fréquemment dans les œuvres de notre poète. Un sourire et une larme dans le visage d'un colosse, c'est une originalité presque divine. Même dans ces petits poèmes consacrés à l'amour sensuel, dans ces strophes d'une mélancolie si voluptueuse et si mélodieuse, on entend, comme l'accompagnement permanent d'un orchestre, la voix profonde de la charité. Sous l'amant, on sent un père et un protecteur [21]. »

C'est bien à cause de cette combinaison inhabi-tuelle du « père », du « protecteur » et du grand écrivain que l'épisode de la mort de Léopoldine échappe à la simple contingence biographique. Bien d'autres auteurs ont connu des deuils, et en ont fait

---

20. Article de *La Revue fantaisiste* (15 juin 1861), repris dans *La Légende des siècles*, p. 928, NRF Poésie Gallimard, Paris, 2002.
21. *Ibid.*, p. 929.

des poèmes. Alphonse de Lamartine lui-même, un proche d'Hugo, perd sa fille Julia, compagne de jeu de Léopoldine, et signe le fameux « Lac », avec son vers célèbre :

« *Un seul être vous manque et tout est dépeuplé* [22]. »

Mais chez Hugo plus que chez tout autre, l'essentiel de la vie, et donc l'écriture, est lié à la sphère la plus intime de façon indissoluble. Et Léopoldine, de sa naissance à l'outre-tombe, est la déesse de son foyer, autant dire sa muse suprême. Une bénédiction, pour celui que la nature a fait Hugo… Et une douleur insoutenable pour celui que la nature a, aussi, fait homme, et qui tend vers Dieu un poing rageur :

« *J'eusse aimé mieux, loin de ta face,*
Suivre, heureux, un étroit chemin,
Et n'être qu'un homme qui passe
Tenant son enfant par la main [23] *!* »

---

22. *Méditations poétiques*, Alphonse de Lamartine, poème *Le Lac*, NRF Poésie Gallimard.
23. *Les Contemplations*, livre quatrième : *Aujourd'hui/Pauca Meae*, poème III : *Trois ans après*, pp. 275-279, *op. cit.*

Chapitre trois

Léopold et Léopoldine

Mariés en octobre, parents à l'été : le moins qu'on puisse dire, c'est que les Hugo vont vite en besogne. Le petit Léopold naît le 16 juillet 1823. On comprend sans mal qu'en choisissant ce prénom, Victor tente un rapprochement avec son père, ce général Léopold Hugo qu'il a tant détesté enfant... Farouchement royaliste pendant son adolescence – suivant, en cela comme en tout, sa mère et le général Lahorie –, Victor s'abandonne, une fois adulte, à l'un des grands plaisirs du siècle, la nostalgie de l'Empire (sans toutefois se retourner contre le roi, il n'est pas à un paradoxe près). Ce penchant ne le quittera jamais tout à fait. Son discours de réception à l'Académie française, le 3 juin 1841, ne commence-t-il pas par un éloge de l'Empereur ? Et dans un premier temps, il accueillera avec bienveillance son futur ennemi juré, le neveu, « le porteur de ce grand nom, Napoléon[1] ». Plus tard encore, Hugo fera accomplir au Marius des *Misérables* – lui aussi fils d'un soldat de l'armée impériale – précisément la même trajectoire, affective et politique : « Il s'aperçut alors que jusqu'à ce moment il n'avait pas plus compris son pays qu'il n'avait compris son père. Il n'avait connu ni l'un ni l'autre, et il avait eu une sorte de nuit volontaire sur les yeux. Il voyait maintenant ; et d'un côté il admirait, de l'autre il adorait[2]. »

Voici donc le nourrisson Léopold chargé du poids écrasant de la réconciliation. Le bébé est malingre, faible. On s'inquiète. L'air de la ville lui serait-il néfaste ? A tout juste un mois, le 16 août, l'enfant est expédié dans la région de Blois, chez son grand-père, désormais marié à sa maîtresse de longue date, Catherine Thomas (celle-là même qui avait rendu la mère de Victor, Sophie Trébuchet, si malheureuse). Drôle de solution : qu'est-ce qui peut bien – dans l'esprit des jeunes parents – avoir préparé le général à ce rôle de nourrice, des campagnes napoléoniennes ou de la vie de cour ? Peut-être Victor songe-t-il à ses années de petite enfance en Corse, quand les trois fils Hugo séjournaient avec

---

1. Article de *L'Evénement*, cité dans *Napoléon III*, Eric Anceau, p. 129, Taillandier, Paris, 2008.
2. *Les Misérables*, tome I, p. 798, *op. cit.*

leur père et son régiment à Bastia, puis à l'île d'Elbe? Il n'en a gardé aucun souvenir – il était trop petit – et se plaît à réinventer ces quelques mois, à les rêver comme un âge d'or miraculeux où l'entente entre père et fils allait de soi... Hugo cherche-t-il, en confiant son bébé à peine né à Léopold, à réparer sa propre enfance dévastée? Veut-il offrir au général Hugo une occasion de se racheter de l'avoir pratiquement abandonné? L'œuvre abonde en pères solitaires et formidables, surdoués, capables de combler sans l'aide de personne tous les besoins de leur progéniture. Valjean, bien sûr : « Père étrange forgé de l'aïeul, du fils, du frère et du mari qu'il y avait dans Jean Valjean ; père dans lequel il y avait même une mère[3]. » De même, mess Lethierry, père adoptif de Déruchette : « Il l'avait adoptée. Il remplaçait le père, et la mère[4]. » Et encore Triboulet, le bouffon du *Roi s'amuse*, ou Cimourdain dans *Quatrevingt-treize*... Tous sont à la fois pères et mères, féminisés par leur chasteté et leur extrême tendresse, véritables forces nourricières qui enveloppent Cosette, Blanche et Gauvain de leur amour sans limites. « Tout ce qui pouvait aimer en Cimourdain s'était abattu pour

---

3. *Ibid.*, tome II, p. 524.
4. *Les Travailleurs de la mer*, p. 181, *op. cit.*

47

ainsi dire sur cet enfant[5] », dit le narrateur de *Quatrevingt-treize*; « tout ce qu'il y avait de passionné et d'affectueux en lui s'éveilla et se précipita vers cet enfant[6] », raconte celui des *Misérables*. A propos de la relation avec le père, Hugo fait rimer, obsessionnellement, les personnages, les situations et même les sentiments.

Revenons à *Quatrevingt-treize*, ce grand roman de la filiation : « L'esprit allaite; l'intelligence est une mamelle. Il y a analogie entre la nourrice qui donne son lait et le précepteur qui donne sa pensée. Quelquefois le précepteur est plus père que le père, de même que souvent la nourrice est plus mère que la mère[7]. » En transformant le foyer du général Hugo en asile pour son nouveau-né en péril, le romancier semble vouloir provoquer, forcer même, cette miraculeuse transmission, amener son père à offrir au petit-fils ce dont lui, Victor, a été privé : le lait et la pensée, le père nourrice et le père précepteur. Quelle décision curieuse – et sans doute, vu la rapidité des événements, un peu irréfléchie – que d'avoir confié le petit Léopold au général Hugo ! Quelle décision touchante, aussi… On y lit toutes les aspirations d'un garçon de vingt et un ans, submergé par sa paternité nouvelle, et qui cherche à

---

5. *Quatrevingt-treize*, édition d'Yves Gohin, p. 157, Folio Classique, 2001.
6. *Les Misérables*, tome I, p. 566, *op. cit.*
7. *Quatrevingt-treize*, pp. 157-158, *op. cit.*

rejouer le drame de son enfance, à lui écrire l'issue heureuse qu'il a si souvent imaginée en silence, et en secret.

Le conte de fées escompté n'aura pas lieu. Loin de se régénérer auprès du général Hugo, le petit Léopold dépérit de plus belle. Le grand-père et son épouse Catherine, jugeant les nourrices du pays guère satisfaisantes, entreprennent de le nourrir au lait de chèvre. « Nous sommes contents, mes chers enfants, notre belle chèvre vient déjà chercher son nourrisson avec plaisir et celui-ci, que ma femme tient alors et met par terre sous ses jambes, prend parfaitement le pis[8] », raconte le général, manifestement tout fier de sa technique et de son ingéniosité, dans une lettre à Victor et Adèle. Drôle de méthode, dont le résultat ne se fait pas attendre. Après une détérioration rapide de son état général, le bébé s'éteint le 9 octobre sans avoir revu ses parents. On imagine la lettre qui, de Blois au 90 de la rue de Vaugirard – le domicile du jeune couple –, met quelques jours à porter la funeste nouvelle. Les larmes d'Adèle, et celles de Victor, versées pour un fils qu'ils n'ont connu que quatre semaines. L'effacement brutal de ce bébé dont ils ont à peine eu

---

8. Lettre du 26 septembre 1823. Cité dans *Léopoldine, l'enfant-muse de Victor Hugo*, Henri Gourdin, p. 35, Presses de la Renaissance, 2007. Notons qu'Henri Gourdin est l'un des rares biographes à insister sur ce curieux épisode du séjour du premier enfant de Victor et Adèle chez Léopold Hugo et Catherine Thomas.

le temps de prendre conscience. Alors, bien sûr,
on songe aussi à la mort de Léopoldine, disparue
presque exactement vingt ans après, au sortir de
l'été. A la nouvelle que son père découvre là encore
par écrit : dans le journal, et non par l'entremise
d'une lettre. Et à l'étrange abstraction de tout ceci.
Jamais les yeux des parents par deux fois endeuillés
ne se poseront sur un cadavre, jamais ils ne subi-
ront le long calvaire de la cérémonie d'enterrement.
Comme sa sœur cadette des années plus tard, le
petit Léopold Hugo est inhumé en l'absence de ses
parents.

*

On fera valoir, et on aura raison, qu'il était fort
courant, au XIXe siècle, de perdre un enfant dans les
premières années de sa vie. Le jeune couple Hugo
était, forcément, préparé au pire. L'envoi précipité
du petit Léopold à la campagne, le fait qu'ils ne se
déplacent pas pour le porter en terre... Tout ceci
donne à penser que Victor et Adèle s'étaient vite
résignés à perdre le bébé. Il n'empêche. Le XIXe
est aussi le siècle de la constitution d'une famille
bourgeoise, dont le socle est l'enfant, héritier, symbole d'avenir. Les progrès de la médecine entraî-
nent une baisse régulière de la mortalité infantile.
Et puis, quelles que soient les différences d'époque,
la mort n'a rien d'anodin. Surtout quand c'est celle

d'un bébé qui incarne à la fois le premier fruit de l'amour de ses parents, mais aussi la promesse d'une réconciliation longtemps attendue. Que Léopold s'éteigne, alors même qu'il a été confié aux soins du père que Victor rêvait de redécouvrir aimant, nourricier, protecteur, en un mot paternel… le symbole est cruel. Par la suite, Hugo évoquera ce deuil comme le premier d'une série de grandes douleurs, le signe inaugural, en somme, de la malédiction qui le frappe. Dans un poème des *Contemplations*, il réunit la mort de ses parents et celle de son fils :

> *« J'ai perdu mon père et ma mère,*
> *Mon premier-né, bien jeune, hélas !*
> *Et pour moi la nature entière*
> *Sonne le glas. »*

Ce « bien jeune, hélas ! » est d'une ambiguïté parfaite : s'agit-il du poète ou de l'enfant ? Impossible de le dire. Quant à l'énumération – « mon père et ma mère, mon premier-né… » –, elle est riche de sens. Il est vrai que Sophie était morte en 1822, juste avant le mariage de Victor et la naissance du petit Léopold, mais le général Hugo resta encore plusieurs années hors de la tombe (il s'éteint en 1828). Le poème bouscule la chronologie, unit ses parents davantage qu'ils ne l'ont jamais été dans la vie, et confond en un seul mouvement les disparitions des deux Léopold. La strophe suivante est plus explicite encore :

> « *Je dormais entre mes deux frères ;*
> *Enfants, nous étions trois oiseaux ;*
> *Hélas ! le sort change en bières*
> *Leurs deux berceaux* [9]. »

Terrible image ! Surgie – forcément – de la tragédie du petit Léopold et de nulle autre. Aucun des fils du général Hugo n'est mort enfant. Seul Victor a vécu cette effroyable métamorphose du berceau en bière, lui qui a laissé son bébé d'un mois partir chez son grand-père pour ne jamais revenir.

Et pourtant… A en croire Hugo, Léopold n'a pas vraiment disparu. Tel un petit Lazare, il s'est relevé d'entre les morts ; il est revenu parmi les vivants. Début 1824, quand la nouvelle grossesse d'Adèle ne fait plus de doute, Victor écrit à son père : « Tout nous porte à croire que notre Léopold est revenu. – Chut [10] !… » Bien avant 1848 et l'apparition des tables tournantes, avant même la mode du « somnambulisme magnétique » – c'est-à-dire de l'hypnose – dans les salons parisiens, Hugo, grand mystique, croit à une forme de réincarnation. Le prénom de Léopoldine est là pour en attester.

---

9. *Les Contemplations*, livre sixième : *Au bord de l'infini*, poème XXIV : *En frappant à une porte*, pp. 486-487, *op. cit.*

10. Cité dans *Léopoldine, l'enfant-muse de Victor Hugo*, p. 34, *op. cit.*

De même que sa réaction, vingt-cinq ans plus tard, à la mort du premier fils de Charles Hugo. Il « reviendra, je le crois, je le sais », écrit le grand-père à George Sand. Et quand un second petit garçon naît, Hugo note dans son agenda : « Petit Georges est revenu. A quatre heures et cinq minutes, Alice l'a remis au monde à Bruxelles[11]. » Cette façon de penser n'est pas étrangère aux mœurs de l'époque. Ainsi George Sand se confie-t-elle en ces termes à Hugo lorsqu'elle se trouve dans la même situation (sa fille met au monde un deuxième bébé après un premier enfant mort) : « Elle est arrivée hier, avec des cheveux noirs frisés et des yeux pareils à ceux du cher petit que nous avons perdu. C'est lui, n'est-ce pas[12]? » Hugo consacre même un poème des *Contemplations* à ce thème du *Revenant*. Une mère perd son fils du croup. Naît bien vite un second enfant, qu'elle peine à aimer, « pensant au fils nouveau moins qu'à l'âme envolée » :

> « *Hélas ! Et songeant moins aux langes qu'au linceul,*
> *Elle disait : – Cet ange en son sépulcre est seul !*
> *– Ô doux miracle ! Ô mère au bonheur revenue ! –*
> *Elle entendit, avec une voix bien connue,*

---

11. *Ibid.*, pp. 33-34.
12. *Lettres d'une vie*, lettre du 12 janvier 1866, p. 1067, *op. cit.*

Je ne puis demeurer loin de toi plus longtemps...

Le nouveau-né parler dans l'ombre entre ses bras,
Et tout bas murmurer : c'est moi. Ne le dis pas[13]*. »*

Comme à plaisir, Hugo concocte des allitérations sinistres – « langes » et « linceuls » s'assemblent ici comme plus haut « bières » et « berceaux »… Et il s'accroche, avec force détails glaçants (cette « voix bien connue » qui sort du corps d'un autre… le gothique n'est pas loin !), à la vision hallucinatoire du nouveau-né ressuscité. Est-il allé jusqu'à se dire, quand, le 28 août 1824, lui est né un nouvel enfant, qu'Adèle avait remis au monde Léopold Hugo ?

*

Victor Hugo semble avoir été marqué davantage qu'il ne l'a écrit – et peut-être qu'il ne l'a cru lui-même – par la mort prématurée de son fils. Aussi la jeune Léopoldine vient-elle au monde chargée d'une tâche plus lourde encore que celle de son aîné : elle doit rapprocher le père et le fils, bien sûr, mais aussi remplacer le premier-né trop vite parti, effacer les larmes de ses parents, remplir la maison Hugo d'un bonheur longtemps espéré et si souvent retardé. Cette fois, pas de grand-père, pas de campagne et surtout pas de chèvre ! Léopoldine grandit à Paris, allaitée – fait rare dans la bourgeoisie de

---

13. *Les Contemplations*, livre troisième : *Les Luttes et les Rêves*, poème XXIII : *Le Revenant*, p. 230, *op. cit.*

l'époque – par sa propre mère, et non par une nourrice. Est-ce le simple effet de la naissance de sa fille ? Ou plutôt sa proximité physique avec le nourrisson, la découverte des mille enchantements du réel que réserve le quotidien auprès d'un enfant ? Le poète conçoit à cette époque un attachement viscéral aux bébés qui, plus qu'un attendrissement passager, est une sorte de credo esthétique : « Un réveil d'enfants, c'est une ouverture de fleurs ; il semble qu'un parfum sorte de ces fraîches âmes [14]. »

De l'eau de rose, cet émerveillement du grand Hugo devant les « fraîches âmes » ? Une naïveté coupable, son attention à leurs moindres faits et gestes, du réveil au coucher ? Un signe de faiblesse, cet enthousiasme pour ses filles, – « l'une pareille au cygne et l'autre à la colombe [15] » –, sa vigueur de trait réservée à un Gavroche vif-argent, impertinent et brave, tellement plus qu'à Marius, l'étudiant trop sérieux qui a le mauvais goût de voler Cosette à son père ? Bien au contraire. Preuve qu'il s'agit là d'une inclination profonde, et non d'une astuce pour plaire, Hugo réussit toujours, sur ce sujet hautement périlleux des enfants, de leur joliesse et de leur pureté, à éviter la mièvrerie. Voyez ce passage des *Misérables*, à propos de la récréation des petites

---

14. *Quatrevingt-treize*, p. 329, *op. cit.*

15. *Les Contemplations*, livre premier : *Autrefois/Aurore*, poème III : *Mes deux filles*, p. 56, *op. cit.*

pensionnaires, au couvent où grandit Cosette : « A de certaines heures, l'enfance étincelait dans ce cloître. La récréation sonnait. Une porte tournait sur ses gonds. Les oiseaux disaient : Bon! Voilà les enfants! Une irruption de jeunesse inondait ce jardin coupé d'une croix comme un linceul. Des visages radieux, des fronts blancs, des yeux ingénus pleins de gaie lumière, toutes sortes d'aurores, s'éparpillaient dans ces ténèbres. Après les psalmodies, les cloches, les sonneries, les glas, les offices, tout à coup éclatait ce bruit des petites filles, plus doux qu'un bruit d'abeilles. La ruche de la joie s'ouvrait, et chacune apportait son miel. On jouait, on s'appelait, on se groupait, on courait; de jolies petites dents blanches jasaient dans des coins[16]. » La lumière, le babil, la ruche... Toute une effervescence naïve que Hugo dépeint avec la délicatesse de touche d'un impressionniste, laissant au lecteur la sensation aérienne d'un plaisir sans mélange.

*

C'est en père qu'Hugo aime les enfants, mais aussi en croyant, habité par une foi qui a fait d'un nouveau-né le porteur de toutes les espérances. Manichéen, l'auteur des *Misérables* l'est, sans aucun doute. Et c'est du côté du Bien qu'il place les plus jeunes des créatures de Dieu. Pas étonnant, donc, que la proclamation du dogme de l'Immaculée

---

16. *Les Misérables,* tome I, p. 629, *op. cit.*

Conception, en 1854, le scandalise à ce point. Ce dogme stipule que seule parmi les mortels, Marie, mère de Dieu, est née vierge de tout péché... Autant dire que tous les enfants naissent impurs, souillés du péché originel. Quoi, ces « innocents vénérables [17] », ces « anges » qui « nous savent hommes [18] », ces « promesses obscures du destin [19] » seraient coupables ? Pécheurs ? Damnés peut-être ? Cela ne saurait être : « Quel que soit le plafond ou la voûte qu'un enfant a au-dessus de la tête, ce qui se reflète dans ses yeux, c'est le ciel [20]. » Est-ce à dire qu'Hugo refuse l'idée même de méchanceté enfantine ? Le lecteur des *Misérables* sait bien que non, qui connaît le détail des innombrables humiliations, des mille tortures sadiques que les petites Thénardier, Éponine et Azelma, infligent à Cosette. Mais là encore, l'auteur se refuse à condamner des enfants : « La Thénardier étant méchante pour Cosette, Éponine et Azelma furent méchantes. Les enfants, à cet âge, ne sont que des exemplaires de la mère. Le format est plus petit, voilà tout [21]. »

Rien – pas même la perfidie d'une Azelma, la dureté d'une Éponine – ne saurait altérer la

---

17. *Quatrevingt-treize*, p. 346, *op. cit.*
18. *Les Misérables*, tome I, p. 217, *op. cit.*
19. *La Légende des siècles*, poème *Le comte Félibien*, p. 139, édition d'Arnaud Laster, NRF Poésie Gallimard, 2002.
20. *Quatrevingt-treize*, pp. 331-332, *op. cit.*
21. *Les Misérables*, tome I, p. 224, *op. cit.*

conviction absolue qu'a Hugo de la pureté de l'âme
enfantine. Il y revient au long de l'œuvre, inlassa-
blement, menant le combat que l'on sait contre le
travail des enfants, habité par ce respect profond,
immense, incomparable qui s'exprime dans le poignant *Melancholia* des *Contemplations* :

> « *Ô servitude infâme imposée à l'enfant !*
> *Rachitisme ! Travail dont le souffle étouffant*
> *Défait ce qu'a fait Dieu ; qui tue, œuvre insensée,*
> *La beauté sur les fronts, dans les cœurs la pensée,*
> *Et qui ferait – c'est là son fruit le plus certain –*
> *D'Apollon un bossu, de Voltaire un crétin*[22] *!* »

Dans *La Légende des siècles*, revenant à son vieux
cheval de bataille – la conviction que le bébé naît
sans péché –, le poète s'insurge :

> « *Ah ! Maudits ! Mais voyons, réfléchissez un peu.*
> *Crime inouï ! L'enfant arrive en un milieu*
> *Ignoré, parmi nous ; il sort des sphères vierges ;*
> *Il quitte les soleils remplacés par vos cierges ;*
> *Sa mère, qui le sent remuer, s'attendrit ;*
> *Il n'est pas encor l'homme, il est déjà l'esprit*[23]. »

---

22. *Les Contemplations*, livre troisième : *Les Luttes et les rêves*, poème *Melan-cholia*, pp. 179-180, *op. cit.*
23. *La Légende des siècles*, p. 140, *op. cit.*

On entend là un écho de ce vers célèbre des *Contemplations*, sur Léopoldine bien sûr :

« *Et c'était un esprit avant d'être une femme*[24]. »

Issu de sphères vierges illuminées de soleils – comme un lointain souvenir du monde des Idées de Platon –, l'enfant vu par Hugo n'est rien de moins que le meilleur de l'être humain, affranchi des contingences du corps – c'est-à-dire de la tyrannie de la sexualité –, ni homme ni femme… pur « esprit ». Il est, plus encore qu'un objet d'adoration pour le père attendri, l'Idéal vers lequel tend le poète.

De cette pensée qui lie inextricablement l'enfance, le Bien et l'Idéal, sont issus Cosette et Gavroche, Blanche et Déa, et aussi quelques-uns des plus beaux poèmes de la langue française. La naissance de la petite Léopoldine a, au fond, coïncidé avec celle d'une vision du monde. C'est du moins ce que pense Hugo lui-même :

« *Oh! Je l'avais, si jeune encore,*
Vue apparaître en mon destin!

---

24. *Les Contemplations*, livre quatrième : *Aujourd'hui/Pauca meae*, poème V : *Elle avait pris le pli…*, p 281, *op. cit.*

Je ne puis demeurer loin de toi plus longtemps...

> *C'était l'enfant de mon aurore*
> *Et mon étoile du matin*[25] *! »*

Aussi est-on tenté d'écrire, reprenant le mot de l'auteur dans sa préface au *Roi s'amuse* – « Triboulet a une fille, tout est là[26] » – : Victor Hugo avait une fille, tout est là.

25. *Ibid.*, poème VI, pp. 282-283.
26. *Le Roi s'amuse*, p. 44, GF Flammarion, 2007.

CHAPITRE QUATRE

La messagère

Léopoldine n'est encore qu'une enfant surnommée Didine qu'elle inspire déjà son poète de père, guidant son inspiration comme l'étoile du matin le voyageur égaré. Ce document formidablement émouvant qu'est sa correspondance – les premières lettres datent de 1831, l'année de ses sept ans ; les dernières de quelques jours avant sa mort – dévoile une petite fille vive, tendre et intense, profondément attachante, qui se voit confier très tôt, comme d'un commun accord, par les adultes qui l'entourent, un rôle d'intermédiaire bien au-dessus de son âge. C'est flagrant dans les lettres de Louise Bertin, la principale correspondante des jeunes années de Léopoldine et un personnage des plus déroutant. Qu'est-ce qui a bien pu pousser cette jeune femme – de dix-neuf ans l'aînée de Léopoldine – à entretenir une correspondance aussi fournie et régulière avec une gamine qui lui confie ses terreurs enfantines (« y a des souris des crapauds et des voleurs[1] ») ou ses disputes avec sa petite sœur – « Dédé est bien méchante parce qu'elle est très jalouse[2] » ?

Première hypothèse : Louise se reconnaît en Léopoldine. Elle s'intéresse à l'enfant en grande sœur attendrie, protectrice, et souhaite l'entourer de son affection et de ses conseils pour l'aider à affronter les épreuves qui l'attendent. N'est-elle pas elle-même la fille unique de l'un de ces grands hommes dont la célébrité écrase ? Louis-François Bertin, dit Bertin l'aîné, fameux à l'époque mais tout à fait oublié aujourd'hui, dirige le *Journal des Débats*, une publication influente tant en matière politique que littéraire qu'il a fondée en 1827. Forte personnalité, de compagnie plaisante et bien sûr très en vue, Bertin est un allié de choix pour un jeune écrivain ambitieux. Hugo entretient soigneusement cette relation précieuse. Il fréquente aussi sa fille Louise – façon de mieux flatter le père, sans doute, mais aussi véritable sympathie pour cette jeune personne intelligente et cultivée. Point de romance, cependant : Louise n'est pas assez jolie pour ce noceur de Hugo ; les témoignages des contemporains laissent

---

1. *Correspondance de Léopoldine Hugo*, lettre du 10 novembre 1832, p. 45, *op. cit.*
2. *Ibid.*, lettre de fin mai 1833, p. 54.

entendre qu'elle souffre en outre d'une infirmité qui entrave sa marche. Plus grave encore, la demoiselle Bertin a des ambitions intellectuelles et artistiques – elle compose de la musique et écrit des poèmes –, ce qui a pour effet de la viriliser aux yeux du romancier – « homme par la pensée », juge-t-il, elle est tout de même « femme par le cœur[3] ». C'est lors de vacances au domaine familial des Roches, en juin 1831, que le reste de la famille Hugo fait la connaissance de Louise. L'hôtesse prête sans doute une attention particulière à Didine pendant ce séjour puisqu'une correspondance régulière s'établit dès lors. L'année suivante, on renouvelle l'équipée avec encore plus de gaieté et d'enthousiasme. Au point que, quand il faut quitter la vaste demeure, le jardin ombragé de la vallée de la Bièvre, ce sont les grandes eaux : « Nous avons eu beaucoup de peine à consoler ces pauvres enfants », raconte Hugo avec humour en post-scriptum d'une lettre de sa fille à Louise Bertin, « Charles et Didine ont pleuré toute la route, et Toto lui-même, séduit par l'exemple et ne pouvant tenir à la beauté du duo, s'est mis à sangloter vers la hauteur du petit Bicêtre. Cela a duré jusqu'à Paris, et l'on pleurerait encore aujourd'hui, si l'on n'avait pas trouvé au troisième étage des pailles, de l'eau, du savon et une

---

3. Cité dans *Léopoldine, l'enfant-muse de Victor Hugo*, p. 59, *op. cit.*

petite fille, de sorte que cela a fini comme toutes les choses de ce monde, par des bulles de savon[4] ».

Qu'on imagine ces instants de paradis pour une fillette de huit ans, ce jeune père qui chasse à coups de bulles de savon la mauvaise humeur poisseuse des retours de vacances… et l'on comprend quelle place les séjours aux Roches ont tenu dans la vie de la petite Léopoldine : bonheur champêtre, liberté insouciante, auprès d'un père qui à Paris paraît toujours insaisissable, de passage en coup de vent entre une répétition et une soirée mondaine. En 1832 toujours – elle vient d'emménager place Royale –, Léopoldine l'avoue tout de go à sa confidente : « Je ne suis pas si heureuse ici qu'aux Roches[5]. » Et quelques mois plus tard (fautes d'orthographe comprises) : « Ma cher louise, je voudrais bien te voir car quand je te vois je ne m'ennuis pas. Je n'ai personne d'autre pour m'amuser[6]. » Léopoldine serait-elle si solitaire ? Entre deux petits frères turbulents, qu'elle est chargée de contenir, et une mère fort absorbée par les exigences de toute une tribu, elle semble avoir trouvé en Louise la camarade de jeux attentive et dévouée dont elle a tant besoin.

Une affection authentique unit donc l'enfant et

---

4. *Correspondance de Léopoldine Hugo*, lettre du 18 octobre 1832, p. 36, *op. cit.*
5. *Correspondance de Léopoldine Hugo*, lettre du 30 octobre 1832, p. 38, *op. cit.*
6. *Ibid.*, lettre du 10 novembre 1832, p. 45.

cette demoiselle sans mari, qui vit comme en retrait du monde. Mais à bien lire leur correspondance, il apparaît vite que le jeu n'est pas égal. Léopoldine livre toute son âme sur le papier quand Louise calcule, anticipe, mesure ses propos avec la rouerie d'une amante négligée. Qui est, au fond, le vrai destinataire des lettres de Louise ? Entre les lignes, on le devine sans peine, dissimulé entre les tendres baisers et les promesses de nouveaux jeux partagés. « Je te charge de lui dire… », « dis bien à ton papa… », « supplie-le donc à deux genoux… », « je n'ose pas dire à ton papa… » : que de messages, glissés entre une protestation d'affection et une historiette pour distraire l'enfant ! Certes, Hugo n'a jamais considéré Louise comme une maîtresse possible, mais cela n'empêche pas la jeune femme d'adorer de loin le grand homme dont elle transformera l'un des romans – *Notre-Dame de Paris* – en opéra vite oublié, *La Esmeralda*. Peut-être parce qu'Adèle ne l'apprécie guère, surtout parce que ce ne serait pas convenable, Louise ne peut écrire à Hugo aussi souvent qu'elle le souhaiterait.

Mais par chance pour elle – c'est la règle dans la bourgeoisie du XIXe siècle –, les parents de Léopoldine ouvrent toutes ses lettres, et les lisent avant elle. Écrire à la fille, c'est donc écrire au père : l'astuce a beau être grossière, elle fonctionne… au moins un temps. Est-ce vraiment un hasard si la correspondance entre Louise et Léopoldine ralentit, une fois l'adolescence venue ? La jeune fille verrait-elle soudain plus clair dans le jeu de son aînée ? C'est ce que donnent à penser ces quelques lignes en réponse à une lettre de Louise, l'année de ses seize ans : « Tu as bien raison de croire que je tiens plus que personne à ce qui vient de papa, je comprends quelle importance on peut attacher à une lettre de lui, tu sais combien je l'aime[7]. » La mise au point est claire, ferme : plus que personne, Léopoldine aime son père ; plus que personne aussi, elle est aimée de lui. Que la bonne Louise en prenne son parti.

Dans l'enfance toutefois, le déséquilibre de la situation est manifeste. Par exemple quand Louise charge la petite Didine de veiller sur la santé d'Hugo, qui souffre déjà de ces maux d'yeux qui l'handicaperont toute sa vie : « Ma chère Didine, supplie-le donc à deux genoux de ménager ses yeux (…), il est jeune, il a une belle et charmante femme, quatre petits anges près de lui, pour le caresser à chaque instant du jour ; assez de fortune pour ne pas être obligé d'en faire dépendre son travail, assez peu (heureusement pour nous) pour que l'oisiveté lui soit interdite. Il ne faut pas qu'une épaisse nuit

---

7. *Correspondance de Léopoldine Hugo,* lettre du 26 mai 1840, p. 253, *op. cit.*

vienne couvrir une si joyeuse vie[8]. » Cette chère Louise semble oublier tout à fait à qui elle écrit : quelle drôle d'idée d'aller raconter à une enfant de huit ans qu'une « épaisse nuit » menace son papa et sa « joyeuse vie »! Tout ceci ne prend sens que s'il s'agit de faire savoir audit père que l'on tremble pour lui, que l'on s'inquiète… et que l'on adule son œuvre immense dont l'on ne saurait être privée.

Parfois, Mademoiselle Bertin verse même dans une cruauté que l'on espère inconsciente : « J'allais oublier de te gronder, ma petite Didine. Dans les deux lettres que j'ai reçues de toi, le mot *gentille* est écrit avec trop de *laissez-allez*. Soigne ton ortho-graphe, chère enfant, je t'en prie. Vois comme c'est désagréable d'être une ignorante ; je n'ose pas dire à ton papa comment j'ai trouvé ravissant d'expres-sions et de sentiment ce qu'il dit de la langue du seizième et du dix-septième siècles dans son article de l'*Europe littéraire*[9]. » Il suffit à Louise d'un simple point-virgule pour passer de la critique cinglante de l'enfant à la louange mielleuse du père! Le tout enveloppé d'un nuage de précautions oratoires… cet hypocrite « je n'ose pas dire à ton papa ». Et en même temps quel aveu! Tout ce que Louise n'ose dire à Victor, c'est bien à Léopoldine qu'elle l'écrit.

---

8. *Ibid.*, lettre du 7 novembre 1832, pp. 41-42.
9. *Ibid.*, lettre datée autour du 4 juin 1833, p. 56.

*

Ne jetons pas la pierre à cette pauvre Louise Bertin, qui est loin d'être la seule à utiliser Léopoldine comme instrument de communication. Elle n'a sans doute fait, en la matière, que s'inspirer de l'exemple d'Adèle et Victor pour qui la fillette devient une véritable messagère malgré elle dès le début des années 1830, époque où il apparaît que Sainte-Beuve est épris d'Adèle, qui l'aime en retour. Sainte-Beuve, le fidèle d'entre les fidèles, pour qui l'amitié avec Victor Hugo avait des allures de romance du jeune Werther : « Je n'ai rien dans l'esprit et dans l'âme que de vous aimer », lui écrivait-il par exemple, et encore « Je pense toujours beaucoup à vous et j'ai besoin de vous le dire », « Je ne vis plus que par vous [10] »… On en passe. Difficile de sous-estimer la rudesse du choc pour le mari trahi : ainsi, ces déclarations d'amour valaient pour son épouse plus que pour lui-même ! Cette tendre sollicitude cachait des désirs inavouables ! Et puis Hugo est sorti fragilisé de la tourmente d'*Hernani*. Les audaces de la pièce, le refus en bloc des règles du théâtre classique, la fronde de ses partisans contre le roi Charles X… tout a contribué à échauffer les esprits et soir après soir, sous les ors

---

10. Cité dans *Hugo et Sainte-Beuve : vie et mort d'une amitié « littéraire »*, Michel Brix, p. 14, Kimé, 2007.

de la Comédie-Française (qui s'appelle encore le Théâtre-Français), les sifflets et les invectives ont couvert la voix des acteurs. La fameuse bataille restera dans les annales, donnant Hugo comme vainqueur. Mais sur le coup, Victor se sent en danger, surveillé, menacé par un adversaire à plusieurs têtes – critiques littéraires, auteurs jaloux, bourgeois mécontents, libéraux agacés – qu'il nomme « l'ennemi ». « Ne nous endormons pas pourtant », écrit-il ainsi en février 1830, « l'ennemi veille, il faut que la troisième représentation les décourage, si possible [11]. » Il interroge en ces termes son ami Nodier : « Pourquoi donc auriez-vous continué de vous compromettre dans une amitié publique avec un homme qui n'apporte à ses amis qu'une contagion de haines, de calomnies et de persécutions [12] ? »

Au moment précis où il se sent tant haï, Hugo connaît, au cœur même de son foyer – ce havre de paix, qu'il croyait à l'abri de toutes les tempêtes –, une terrible trahison. Léopoldine, à six ou sept ans, devient alors, par une translation rapide et irrémédiable, son interlocutrice privilégiée. A elle les attentions jadis réservées à l'épouse : poèmes glissés sous l'oreiller, lettres adoratrices, héroïnes de romans modelées à son image. Ce qui ne signifie pas que Victor épanche auprès de sa Didine sa colère contre

---

11. Lettre à Paul Lacroix, 27 février 1830.
12. Lettre du 2 novembre 1829.

Adèle, bien au contraire. Les lettres à la fille débordent d'éloges pour la mère. Mais au-delà de ces attentions de façade, le mari mécontent n'écrit plus à sa femme, qui s'en plaint fort. L'enfant, infiniment tendre avec son « bon petit père », soucieuse, aussi, de s'assurer du bonheur de sa mère chérie, intercède alors, espérant radoucir l'un, et consoler l'autre. « Papa ne vient pas nous voir », écrit-elle à Adèle (restée à Paris tandis que les enfants Hugo sont à la campagne) et elle explique contre toute évidence, sur un ton catégorique : « Cela prouve qu'il ne vient que pour toi[13]. » Quand Victor lui fait un compliment, Léopoldine a grand soin de lui rappeler avec qui il convient de partager toute louange : « C'est à toi et à ma chère maman, mon père chéri, qu'il faut rapporter toutes les bonnes qualités que tu veux bien me reconnaître[14]. »

Dès que Hugo rompt les ponts avec son ex-meilleur ami, la relation entre Sainte-Beuve et Adèle s'étiole. Et la jeune femme souffre d'autant plus d'être délaissée par son époux, surtout pendant les vacances annuelles avec Juliette Drouet. Avec une maturité surprenante, Didine s'emploie à atténuer la cruauté de la situation. Toujours affectueuse, trouvant un mot gentil pour chacun, elle

---

13. *Correspondance de Léopoldine Hugo*, lettre du 17 octobre 1836, p. 127, *op. cit.*

14. *Ibid.*, lettre du 6 octobre 1840, p. 269.

joue les négociateurs entre les Hugo, atténue les différends, initie des pourparlers. Quand Victor écrit à sa femme, sa fille a bien soin de l'encourager en lui décernant un bon point : « Mon bon petit père, j'ai été bien contente hier quand maman a reçu de tes nouvelles[15]. » L'argument porte : Léopoldine a été contente… Or l'aspiration la plus profonde de Victor n'est-elle pas le bonheur de sa fille ? Il réécrira sûrement. Si toutefois il manque à son devoir, Léopoldine le rappelle à l'ordre : « Tu ferais bien plaisir à maman, mon cher et bon père, si tu lui écrivais quelques lignes. D'après quelques paroles qui lui ont échappé, j'ai vu qu'elle était un peu triste de n'en avoir jamais[16]. » Comment résister à la douce Léopoldine, à sa fermeté tendre, d'une efficacité redoutable ?

*

Il est un épisode de la courte existence de Léopoldine Hugo qui en dit long sur son statut d'intermédiaire entre ses parents : ce moment essentiel dans la vie d'une fillette du XIXe siècle qu'est la première communion. Nous sommes en 1836, et déjà la jeune fille pointe sous l'enfant, ce qui ne laisse pas d'inquiéter son père – « il y a un instant où les filles s'épanouissent en un clin d'œil et deviennent des

---

15. *Ibid.*, lettre du 14 août 1837, p. 143.
16. *Ibid.*, lettre du 16 septembre 1842, p. 311.

roses tout à coup. Hier on les a laissées enfants, aujourd'hui on les retrouve inquiétantes[17] », décrète sombrement le narrateur des *Misérables*. De fait, la communiante est exquise, avec ses traits réguliers, son teint de rose et sa cascade de boucles brunes. La belle chevelure noire – trait distinctif de Léopoldine, qui suscite l'admiration de tous ceux qui l'approchent – se détache nettement sur sa jolie robe blanche en mousseline. Un tissu raffiné, précieux, un cadeau délicat, choisi avec goût par une amie de la famille… Juliette Drouet !

L'existence de la maîtresse officielle fait jaser tout Paris, mais les enfants n'en savent rien, les Hugo ne sont pas libérés à ce point. De même, Juliette – tenue soigneusement à distance par son amant – ne connaît Didine et les autres que par les mille anecdotes qu'il lui raconte même si elle ne se prive pas de leur écrire de temps à autre, au titre d'amie de la famille. Qu'on juge de son émotion quand, le jour de l'intronisation d'Hugo à l'Académie française, en 1841, elle aura le droit – magnanimité du grand homme ! – de se mêler à la foule des badauds pour les apercevoir enfin : « Merci mon bon ange, merci mon sublime Victor, mon illustre enfant. Je les ai vus tous mes chers petits : Didine, ravissante, Charlot charmant, et mon cher petit Toto pareil à l'autre qui avait l'air pâle et souffrant. Je les ai tous

---

17. *Les Misérables*, tome I, p. 884, *op. cit.*

72

baisés de l'âme comme leur divin père[18]. » Bien
avant les terribles mois du deuil – quand elle cher-
chera à toute force à partager la douleur de
Victor –, Juliette s'implique le plus possible dans la
vie de Léopoldine. Elle demande de ses nouvelles,
la compare volontiers à sa propre fille, Claire (née
d'une liaison précédente avec le sculpteur James
Pradier), de deux ans sa cadette. Elle l'inclut dans
ses prières, et ne manque jamais de le faire savoir à
Victor. Le but ? Avoir une place dans la vie de ces
enfants si importants pour Hugo – « Si l'affection
donne des droits, je suis bien aussi ta mère, chère
petite fille, car je t'aime comme mon enfant[19] »,
écrit-elle à la petite Adèle de six ans. Elle lui fait des
cadeaux enfin, comme ce morceau d'étoffe qui sert
pour la robe de la communiante.

L'histoire n'est pas finie. On sait qu'Adèle déteste
la Drouet – pas tant parce qu'elle est la maîtresse
de son mari que parce qu'elle a le statut d'une
seconde épouse, et menace sa suprématie. En 1838,
quand le nom de Juliette – qui est actrice, après
tout – est évoqué pour le rôle de la reine d'Espagne
Marie de Neubourg, l'étoile resplendissante dont
s'éprend le ver de terre Ruy Blas, son sang ne
fait qu'un tour. Sortant de sa réserve coutumière,
Madame Victor Hugo prend la plume et écrit au

---

18. *Lettres de Juliette Drouet à Victor Hugo*, lettre du 3 juin 1841, p. 75, Fayard, 2001.
19. *Journal d'Adèle Hugo*, préface de Frances Vernor Guille, p. 41, *op. cit.*

directeur du théâtre de la Renaissance. Le directeur est saisi d'effroi, l'auteur s'incline. Le rôle ira à une demoiselle Louise Baudouin dont il n'y a rien à craindre : c'est une « chaste figure[20] », assure Hugo. Juliette ne remontera jamais sur les planches. Quand sa fille s'apprête à communier pour la première fois vêtue d'une étoffe offerte par sa rivale, Adèle contre-attaque : elle lui met autour du cou – ou au poignet, les versions divergent – la moitié d'une chaîne en or qui lui vient de Sainte-Beuve. Et voici comment le corps de Léopoldine se trouve paré d'atours offerts par les amants de ses parents : mousseline de Juliette, or de Sainte-Beuve... Quel symbole ! Et quelle tristesse ! La fillette tant aimée est aussi, à son corps défendant, le terrain d'une lutte sans merci.

*

Cette étonnante confusion des registres dont Victor et Adèle se rendent coupables le plus innocemment du monde s'explique en partie par l'intensité de l'amour qui les unit à leur fille. C'est parce qu'il conçoit Léopoldine comme un prolongement de lui-même que Hugo, un si bon catholique, pétri de la culpabilité de son adultère, n'hésite pas à la vêtir d'un cadeau de sa maîtresse le jour où elle reçoit un sacrement décisif. Qu'importent les sépa-

---

20. *Ruy Blas,* note de Victor Hugo, p. 202, Pocket, 2008.

rations physiques, Didine l'accompagne partout, sa pensée ne le quitte pas :

> « *Je n'étais jamais gai quand je la sentais triste.*
> *J'étais morne au milieu du bal le plus joyeux*
> *Si j'avais, en partant, vu quelque ombre en ses yeux* [21]. »

Le 3 septembre 1837 – six ans avant la mort de sa fille, à un jour près –, de passage avec Juliette à Montreuil-sur-Mer (où il situera une partie essentielle des *Misérables*), il lui écrit cette missive, un vrai petit poème en prose : « Je viens de me promener au bord de la mer en pensant à toi, mon pauvre petit ange. J'ai cueilli pour toi cette fleur dans la dune. C'est une pensée sauvage qu'a arrosé plus d'une fois l'écume de l'océan. Garde-la pour l'amour de ton petit père qui t'aime tant. (…) Et puis, mon ange, j'ai tracé ton nom sur le sable, Didi. La vague de la haute mer l'effacera cette nuit, mais ce que rien n'effacera c'est l'amour que ton père a pour toi. (…) Le soir, je regardais le ciel, je songeais encore à toi, ma Didine, en voyant cette belle constellation, ce beau chariot de Dieu que je t'ai appris à distinguer parmi les étoiles [22]. »

---

21. *Les Contemplations*, livre quatrième : *Aujourd'hui/Pauca meae*, poème V : *Elle avait pris ce pli en son âge enfantin…*, op. cit., p 281.
22. *Correspondance de Léopoldine Hugo*, lettre du 3 septembre 1837, p. 150, op. cit.

Qui est la vraie compagne de voyage, de Juliette ou de Léopoldine, dont l'image, obsédante, l'escorte dans les fêtes les plus étourdissantes, d'une plage ensoleillée à la nuit éclaboussée d'étoiles ? On ne s'étonne guère qu'après sa mort, le poète, amputé d'une moitié de lui-même, s'interroge en ces termes :

> *« Est-ce ta vie ou la mienne*
> *Qui s'en va ? Je ne sais pas* [23]*. »*

Jusqu'à sa rencontre avec son futur mari, Charles Vacquerie, et même après, Léopoldine partage cette véritable transe amoureuse. Chaque lettre exprime son adoration avec une fraîcheur d'expression, un abandon, une sensualité naïve à mille lieues de tous les clichés que l'on a en tête sur la supposée froideur de la famille bourgeoise. « Je t'embrasse, mon père chéri, comme je t'aime, je regrette souvent de ne pouvoir te donner de ces bons baisers qui défaisaient ta raie, qui me faisaient tant de bien [24]. » Et à sa mère : « J'embrasse tes yeux et tes cheveux [25]. »

---

23. *Les Contemplations*, livre deuxième : *L'âme en fleur*, poème XXV, p. 163, *op. cit.*

24. *Correspondance de Léopoldine Hugo*, lettre datée du 24 ou 27 août 1839, p. 204, *op. cit.*

25. *Ibid.*, lettre du 4 mars 1843, p. 336.

« … *comme un oiseau qui passe* »

En surface, Léopoldine a l'existence de toutes les petites filles de son époque et de sa classe sociale. Les garçons de la famille – Charles, né en 1826, et Victor (adulte, il choisira le prénom « François-Victor » pour alléger un peu le fardeau du nom Victor Hugo… on le comprend !), né en 1829 –, sont envoyés en pension dès l'âge de six ans. Mais les filles – Léopoldine et Adèle, sa cadette (née en 1830) – restent à la maison. Elles fréquentent quelques heures par jour une école sise au numéro 16 de la place Royale, à deux pas de la maison. Le reste du temps est consacré à l'apprentissage de la broderie, du piano, et à d'autres distractions féminines. Léopoldine n'aime rien tant que jouer à la poupée, un objet fréquent de conflits avec sa petite sœur. « Quand a (*sic*) Dédé c'est un petit démon elle me prend toujours ma poupée et elle me l'abîme[1] », se plaint l'enfant à Louise Bertin l'année de ses dix ans... Hugo est sans doute le seul écrivain à avoir, dans *Les Misérables*, étudié – en détails et avant Freud – l'amour exclusif et passionnel qu'une fillette entretient avec sa poupée. Pas étonnant : il a, tel Jean Valjean avec Cosette, passé « des heures à (...) contempler » sa fille aînée « habillant et déshabillant sa poupée, et à l'écouter gazouiller[2] »...

Pourquoi n'envoie-t-on pas Léopoldine en pension ? Les filles de son époque et de son entourage le plus proche y vont bien, pour la plupart. La preuve : on y expédie sans états d'âme Julie Foucher, la jeune sœur d'Adèle et une confidente privilégiée de Léopoldine dont elle n'est l'aînée que de deux ans. Mais Victor et sa femme veulent manifestement garder leur aînée à la maison, toute séparation touchant – déjà – à l'insoutenable. Quand il lui arrive de s'absenter, même très peu de temps – par exemple une semaine en juin 1839, parce qu'elle est invitée au château de Saint-Prix chez son amie Eudora Chaley –, Léopoldine laisse un vide cruellement ressenti. Victor prend aussitôt la plume pour poursuivre le dialogue interrompu, et conclut ainsi : « A jeudi, ma Didine bien-aimée. Tu vas nous revenir et cette idée remplit la maison de

1. *Correspondance de Léopoldine Hugo*, lettre du 29 mai 1834, p. 83, *op. cit.*
2. *Les Misérables*, tome I, p. 569, *op. cit.*

joie[3]. » Le plus souvent bien sûr, c'est Hugo qui déserte le foyer. Loin de sa famille, il s'abandonne à une violente mélancolie : « Ma cheminée, mon vieux canapé bleu et vous tous sur mes genoux, cela vaut mieux que les Alpes et la Méditerranée. (…) Vois-tu, chère fille, on s'en va parce qu'on a besoin de distraction, et l'on revient parce qu'on a besoin de bonheur. (…) Toutes les nuits je regarde les étoiles comme nous le faisions le soir sur le balcon de la place Royale, et je pense à toi, ma Didine. (…) Toute ma vie est dans vous[4]. » Le même torrent d'amour emporte Léopoldine, qui renchérit : « Le temps que l'on passe sans voir son bon petit père semble bien long[5]. » Ailleurs, elle a cette jolie formule : « J'aimerais mieux vivre avec ceux que j'aime dans un cachot qu'éloignés d'eux dans un palais[6]. »

*

Hors leur passion pour leur fille, les Hugo ont une autre raison de garder Léopoldine à la maison : le désir de contrôler son éducation. La classe de Mademoiselle Briant permet d'assurer les bases : apprentissage de la lecture et de l'écriture, récitation, calcul. Le reste – morale, culture générale et

3. *Correspondance de Léopoldine Hugo, op. cit.*, lettre du 25 juin 1839, p. 195.
4. *Ibid.*, lettre du 3 octobre 1839, pp. 221-222.
5. *Ibid.*, lettre du 14 août 1837, pp. 143-144.
6. *Ibid.*, lettre du 5 octobre 1839, p. 224.

même astronomie (les fameuses séances familiales où l'on observe le ciel étoilé du balcon...) – est du ressort des Hugo. C'est-à-dire, comme toujours, de Victor, nouveau Virgile menant Dante sur le chemin de la connaissance. « Je ne regrette qu'une chose, c'est de ne pas t'avoir près de nous », lui écrit un jour Léopoldine, « parce que tu nous expliques si bien ce que nous voyons que nous avons à admirer deux choses, ce que tu dis et ce qui cause ton explication[7]. » La correspondance ne laisse aucun doute sur ce point : au-delà de son indéniable intensité affective, la relation de Léopoldine et Victor comporte une belle, une profonde dimension intellectuelle. C'est sans doute la seule, du reste, de la vie de la jeune fille. Quels plaisirs de l'esprit lui réserve son entourage ? Louise Bertin l'entretient de choses anodines, ou lui prodigue des leçons de morale. Avec sa « petite tante » Julie Foucher, on cause bals ou prétendants... et l'on s'épanche sur l'ennui de l'école, cette triste nécessité : « Que veux-tu, il faut bien apprendre quelque chose[8] ! » Sa mère lui parle de la vie du foyer, de ses devoirs envers ses frères et sœur, quand elle ne se plaint pas des vexations que lui impose Victor. Charles Vacquerie remplacera la poésie par le grand air, et les serments d'amour par des étreintes muettes.

7. *Ibid.*, lettre du 5 octobre 1839, p. 223.
8. *Ibid.*, lettre du 28 octobre 1837, p. 154.

Bref, il n'y a guère que Victor pour partager avec sa fille des observations esthétiques ou littéraires... Et il est touchant de constater combien Léopoldine, admirative et passionnée, a soif de ces échanges, écrivant par exemple à son mentor de père : «J'éprouve le besoin de te parler de toutes les merveilles que j'ai vues, tu les as comprises si complètement, toi, que tu comprendras aussi bien l'admiration que j'ai ressentie[9]. » Ou encore : « Nous voyons ce que tu vois à travers ton intelligence, ton génie, ce que nous ne sentirions pas, tu nous l'expliques et nous comprenons tout alors[10]. » Quant à la littérature... L'heureuse Léopoldine jouit des cours les plus passionnants du siècle. Rien de formel, toutefois : jamais Hugo ne l'a prise à part pour lui faire méditer les classiques. Mais comme il le raconte dans un célèbre – et si beau ! – poème des *Contemplations,* la petite fille est partie prenante de sa création. D'abord parce que – on l'a vu – sa pensée ne le quitte pas. Mais aussi parce qu'elle s'invite physiquement dans son œuvre, débarquant dans la pièce, griffonnant sur les manuscrits, régalant le poète de sa présence légère et gaie :

> *« Elle avait pris ce pli dans son âge enfantin*
> *De venir dans ma chambre un peu chaque matin ;*

---

9. *Ibid.,* lettre du 24 ou 27 août 1839, p. 203.
10. *Ibid.,* lettre du 6 octobre 1840, p. 269.

Je ne puis demeurer loin de toi plus longtemps...

Je l'attendais ainsi qu'un rayon qu'on espère ;
Elle entrait et disait : "Bonjour, mon petit père" ;
Prenait ma plume, ouvrait mes livres, s'asseyait
Sur mon lit, dérangeait mes papiers, et riait,
Puis soudain s'en allait comme un oiseau qui passe.
Alors, je reprenais, la tête un peu moins lasse,
Mon œuvre interrompue, et, tout en écrivant,
Parmi mes manuscrits je rencontrais souvent
Quelque arabesque folle et qu'elle avait tracée,
Et mainte page blanche entre ses mains froissée
Où, je ne sais comment, venaient mes plus doux vers[11]. »

« Bonjour mon petit père » : mot d'une tendresse exquise, que l'on sait véridique – combien de lettres de Léopoldine commencent de la sorte ! Un autre détail – si concret, si précis – touche infiniment : celui de l'arabesque folle apposée comme une dédicace sur l'œuvre du grand homme. Le poème est empreint de la douce familiarité du souvenir, mais qu'on ne s'y trompe pas : Hugo réinvente ici sous une forme domestique et chaleureuse un thème classique, et des plus solennels celui de la muse. Voilà une simple fillette transformée en « rayon qu'on espère » pour trouver l'inspiration ; après son passage délicieux, ce babil d'oiseau et ce froissement d'ailes, viennent sur la « page blanche », comme par magie, les « plus doux vers ».

---

11. *Les Contemplations*, partie quatrième : *Aujourd'hui/Pauca meae*, poème V : *Elle avait pris ce pli en son âge enfantin...*, p. 281, *op. cit.*

Pas étonnant, du coup, que Léopoldine ait une relation particulière, exclusive, avec l'œuvre de son père. L'une des seules manifestations de son caractère bien trempé – avant ses quinze ans et le début de l'intrigue amoureuse avec Charles Vacquerie – est cette colère piquée en pleine classe quand l'institutrice lui refuse de partir plus tôt que de coutume pour assister à la première d'une pièce d'Hugo, peut-être *Angelo, tyran de Padoue.* Une Didine de huit ou neuf ans – dont tous s'accordent à louer le calme et la douceur coutumiers – ose alors un éclat. Témoin direct de l'incident, la jeune Adèle en fera plus tard mention dans son *Journal* : « Ma sœur aînée fit un jour une scène à Mademoiselle Briant parce que celle-ci lui défendait d'aller à un spectacle ; ma sœur, justement furieuse, sortit en m'emmenant par la main [12]. » En grandissant, Léopoldine cesse d'être simple spectatrice ou inspiratrice de l'écriture : elle devient la copiste officielle de l'œuvre (Juliette étant la copiste officieuse… le parallèle en dit long !). Cette fonction n'appartient qu'à elle au sein de la famille – ni ses frères ni la jeune Adèle n'auront jamais à la remplir –, signe ô combien révélateur de son statut particulier. Pour Léopoldine, c'est là une preuve d'amour essentielle. Confiant à son père ce dont elle a le plus envie, pendant une longue période de séparation, elle mêle

---

12. *Correspondance de Léopoldine Hugo*, p. 112, *op. cit.*

en un seul élan « te voir, t'embrasser » et « copier encore ces belles choses que je connais la première et que, quoique bien jeune, je comprends et je sens bien vivement [13] ». Remarquable fusion des esprits, exaltante communion des âmes. L'entente est si complète qu'il arrive aussi à Hugo de lui demander de lire à sa place. Ainsi un jeune admirateur de l'écrivain, Eugène Woestyn, quatorze ans, rassemble tout son courage un beau jour de 1836 et frappe à la porte de l'appartement de la place Royale pour faire lire ses poèmes à Hugo. Lequel l'accueille avec « bienveillance » et, évoquant ses maux d'yeux, lui déclare : « Ma fille est ma lectrice, et si vous n'êtes point trop pressé, je vais la faire appeler. » La fillette de douze ans arrive alors, ouvre « de ses petites mains mignonnes » l'« énorme manuscrit » et lit sagement, « d'une voix doucement argentine [14] ». « Ma fille est ma lectrice », mais aussi ma muse et ma plume, pourrait-il ajouter. Que n'est pas Léopoldine pour Victor Hugo ?

*

Cette relation complexe, infiniment riche, avec Victor est peut-être la bouffée d'oxygène sans laquelle dépérirait Léopoldine, fleur délicate, gardée sous serre dans un air raréfié, comme une

---

13. *Ibid.*, lettre du 5 octobre 1839, p. 224.
14. Cité par Henri Gourdin, *Léopoldine, l'enfant-muse de Victor Hugo*, pp. 95-96, *op. cit.*

orchidée précieuse. Pour le reste, point de fantaisie ni d'imagination dans cette existence bien réglée. Gare aux impulsions soudaines et aux désirs secrets ! Tout autour de Léopoldine, on veille à ce qu'elle ne déborde pas les limites strictes assignées aux femmes de l'époque. En apparence, sa vie brille d'un éclat enviable : non seulement elle copie l'œuvre de son père, découvrant avant quiconque ces textes sublimes que le public attend impatiemment, mais en plus elle fréquente la plus exaltante des compagnies. Les amis d'Hugo font partie du quotidien place Royale, ils causent « au coin du feu », les « soirs d'hiver radieux et charmants », tandis que le poète tient ses « quatre enfants groupés [15] » sur ses genoux. Leurs noms ? Alphonse de Lamartine, Théophile Gautier, Alfred de Vigny, Honoré de Balzac. Pour fêter la Saint-Victor, le 20 juillet, l'enfant de sept ans improvise un quatre mains avec un pianiste de passage, Franz Liszt.

Pour autant, personne, autour d'elle, ne souhaite que Léopoldine devienne une George Sand ou une Marie d'Agoult, bref autre chose qu'une jeune fille convenable, un bon parti. Et si Hugo lorgne du côté de l'Angleterre pour ses audaces littéraires et ses figures romanesques, c'est à Shakespeare et à Lord Byron qu'il s'intéresse, pas à Jane Austen ou

---

15. *Les Contemplations*, partie quatrième : *Aujourd'hui/Pauca meae*, poème V : *Elle avait pris ce pli dans son âge enfantin…*, p. 281, *op. cit.*

à George Eliot. Les femmes, dans son œuvre, qu'elles soient charmantes libellules ou sombres prédatrices, sont définies exclusivement par l'amour qu'elles inspirent ou celui qu'elles ressentent. Adèle ne trahit nullement cette vision : tendre amoureuse les premières années, dangereuse traîtresse un moment, elle est rachetée de tout par son titre de mère. Elle-même a une conception très sage du rôle des femmes. Ajoutant un post-scriptum à une lettre de Léopoldine, elle exhorte sa petite sœur Julie en ces termes : « Deviens douce et soumise, et tu verras quelle joie tu auras[16]. »

Louise Bertin est sans doute la figure féminine la moins conventionnelle de l'entourage de Léopoldine – elle n'est pas mariée, son cœur déborde d'ambitions artistiques – et, comme on sait, elle a pris très tôt la petite Didine sous son aile. L'encouragera-t-elle à suivre son exemple ? Pas vraiment ! « Tu vas donc faire ta première communion cette année, chère enfant ! », lui écrit-elle en 1835, « on va te répéter de plus haut ce que je t'ai dit tant de fois, qu'une femme est faite pour servir en aimant, et aimer en servant, tous les êtres qui l'entourent. » Servir en aimant, aimer en servant : que voilà un programme alléchant ! Il vaut celui d'Adèle : douceur et soumission. Dans la même lettre, la petite fille est réprimandée pour ses façons

---

16. *Correspondance de Léopoldine Hugo*, lettre du 9 avril 1837, p. 134, *op. cit.*

brusques, notamment avec la bonne : « On te dira aussi ma chère Didine que tes humeurs et tes impertinences envers Thérèse sont de grands péchés [17]. » Quant à Hugo lui-même, si dans les faits il assigne à sa fille un rôle qui excède largement celui de future épouse et mère, c'est en toute inconscience. Qu'on en juge plutôt.

Un beau soir de juin, quelques mois avant les quatorze ans de Léopoldine, les Hugo reçoivent. On demande à la fille aînée de s'occuper des allers-retours à la cave, pour renouveler les bouteilles. Gaie, expansive, Didine goûte la compagnie, et ces fêtes qui animent de temps à autre son existence bien réglée. Rester toute la soirée entre l'entrée et la cave, « ce n'est pas très amusant », se plaint-elle dans une lettre à Julie. Passe le frisson d'un rare mouvement d'humeur, le désir fugace de refuser une requête du « bon petit père »... Lequel a une réponse toute prête, en cas d'insubordination : « Papa prétend que c'est mon sort à venir. » Stupeur ! Le sort à venir de Léopoldine – la muse, la copiste, la lectrice, et encore l'étoile de son matin, l'enfant de son aurore –, ce serait donc de faire le service ! Toujours de bonne composition, Didine fait mine de s'incliner : « Enfin que veux-tu puisque je suis faite pour cela, si c'est ma vocation, il faut bien que je me résigne mais ce qui me le fera faire

---

17. *Ibid.*, lettre du 5 décembre 1835, pp. 110-111.

plus que toutes autres raisons c'est de faire plaisir à ma bonne mère [18]. »

Que conclure de cette opposition soudaine et franche entre Victor et Adèle, sous la plume de celle qui s'acharne à les réconcilier ?... Se dessine entre les lignes une jeune Léopoldine assez maligne pour sentir l'étendue de son pouvoir, et songer à le retourner en arme de guerre. On attend d'elle qu'elle soit un trait d'union permanent entre les époux ? Mais elle pourrait aussi bien se lasser, et se mettre à jouer les trouble-fête, en choisissant le camp qui l'arrange : en l'occurrence sa « bonne mère » contre le père exigeant. En fin de compte, la nature de Didine est d'une trop grande gentillesse pour qu'elle s'adonne vraiment à ce petit jeu dangereux. Mais il y a ici comme un frémissement, un nuage de contrariété qui laissent supposer que notre héroïne n'est guère séduite par cet avenir qu'on lui assigne sans lui demander son avis. Notez l'agacement du ton, et surtout l'ironie discrète de sa soumission apparente – « puisque je suis faite pour cela » – aussitôt suivie d'une mise en doute glissée l'air de rien, en incise – « si c'est ma vocation »...

*

C'est qu'elle a d'autres aspirations, notre Léopoldine. Non qu'elle rêve d'être une artiste : la société

18. *Ibid.*, lettre du 13 juin 1838, p. 175.

ne l'y pousse guère, son tempérament non plus, et puis le domaine de la création paraît à ce point sous le contrôle d'un père magistral qu'aucune compétition n'est possible. Mais en elle monte le désir de fuir cette sphère familiale aussi chérie que contraignante… une folle envie de connaître d'autres terres, de fréquenter d'autres gens, d'échapper à la douce tyrannie du tête-à-tête permanent avec Victor ! Comment Hugo n'a-t-il pas vu venir cette vibration de l'âme de son enfant, cet appel du grand air et de la nouveauté ? Ou plutôt comment n'a-t-il pas senti qu'il l'avait vu venir ? En 1832 – sa fille n'a que six ans –, Hugo écrit le drame d'un homme qui cloître sa fille pour la protéger du monde, et la perd, noyée dans la Seine, parce qu'elle a voulu échapper à sa retraite dorée… C'est *Le Roi s'amuse*, où Triboulet affirme à Blanche :

> *« Chère enfant ! – Ma cité, mon pays, ma famille,*
> *Mon épouse, ma mère, et ma sœur, et ma fille,*
> *Mon bonheur, ma richesse, et mon culte, et ma loi,*
> *Mon univers, c'est toi, toujours toi, rien que toi* [19] *! »*

Déclaration qui préfigure de façon saisissante l'amour total de Valjean – « il aimait Cosette comme sa fille, et il l'aimait comme sa mère, et il

---

19. *Le Roi s'amuse*, Acte II scène 3, p. 104, *op. cit.*

l'aimait comme sa sœur[20] »... Et l'on s'étonne qu'entendant pareil discours, la tendre Blanche étouffe ! Qu'elle supplie son père, « prenant un air caressant » :

> « *Un jour, avant le couvre-feu,*
> *Je voudrais bien sortir et voir Paris un peu*[21]*.* »

Et qu'elle s'éprenne du premier homme qui passe, un étudiant qui la suit sur le chemin de l'église et se révélera être, par une péripétie des plus spectaculaires, ce débauché de roi François Ier, qui la viole et la mène à sa perte.

Alors, exactement comme cette Blanche si pure et si fragile que son père imaginait déjà quand elle n'était qu'une toute petite fille, la Léopoldine de quinze ans voudrait bien sortir. Quand cela lui arrive – par exemple, lors de ce fameux séjour d'une semaine chez Eudora Chaley, en juin 1839 –, elle en jouit avec une avidité fiévreuse qui dit assez combien elle se sent contrainte entre les murs étroits de la place Royale. Jamais elle n'a écrit de lettre si longue, il lui faut raconter par le menu à Julie – qui, enfermée dans sa pension, doit être bien jalouse ! – les mille activités de la vie à la campagne : « Tu sais qu'à une certaine époque de l'année, on coupe

---

20. *Les Misérables*, tome II, p. 522, *op. cit.*
21. *Le Roi s'amuse*, Acte II scène 3, p. 105, *op. cit.*

l'herbe des prés pour en faire du foin, on laisse ensuite sécher cette herbe qu'on réunit plus tard. C'est là ce que nous faisions. Nous nous mettions toutes trois, Eudora, Pauline et moi sur un peu de foin dont on nous entourait, peu à peu la meule s'élevait avec le foin qu'on jetait autour de nous, nous nous élevions insensiblement avec elle pendant tout ce travail, il arrivait souvent qu'une de nous se trouvait enfouie ce qui amusait considérablement les autres. »

Vision ravissante que celle de ces jeunes filles en fleur qui se gavent de cerises, de confidences discrètes et de fous rires partagés : « Nous nous étions toutes mises en blanc sur les midi, nous avions des robes de mousseline blanche et des roses naturelles dans les cheveux. Nous étions coiffées en nattes par-devant et par-derrière, notre toilette avait été tout ce qu'il y avait de plus amusant (…). Je n'ai jamais tant ri de ma vie. Après le dîner, on a tiré le feu d'artifice qui a été magnifique, après quoi nous avons dansé comme de vraies folles jusqu'à une heure du matin[22]. » La danse, la toilette, la complicité avec des filles de son âge… De quoi rêver encore, si ce n'est d'amour bien sûr ? Cet amour dont débordent les œuvres majestueuses qu'elle copie sagement depuis ses dix ans et qu'elle aimerait tant éprouver enfin par elle-même.

---

22. *Correspondance de Léopoldine Hugo*, lettre du 2 juillet 1839, pp. 197-198, *op. cit.*

CHAPITRE SIX

Romance sans paroles

Or quand une jeune fille de quinze ans cherche une occasion d'aimer, elle la trouve. En 1837, Victor Hugo commence à recevoir, parmi tant d'autres, les lettres passionnées d'un certain Auguste Vacquerie, un jeune Normand aux ambitions littéraires déclarées. Le poète, toujours sensible à l'admiration qu'on lui porte, invite l'aspirant écrivain, qui fréquente encore le lycée Charlemagne, à lui rendre visite. Une amitié se noue, assez vive pour qu'à la fin de l'été 1839, tandis que Victor arpente l'Europe avec Juliette, Adèle emmène ses enfants passer la fin de l'été dans la famille du jeune homme, à Villequier, près du Havre. Léopoldine se réjouit d'avance de ce voyage qui promet d'être charmant, l'occasion pour elle et ses frères et sœur de voir la mer pour la première fois de leur vie. Une fois arrivée, elle goûte la joliesse du paysage, la pureté de l'air et la galanterie de la compagnie. « La Seine borde le jardin de Monsieur Vacquerie [1] », raconte la jeune fille à son père, et nul ne se doute alors qu'elle y trouvera la mort quatre ans plus tard.

L'histoire familiale n'aimant rien tant que la répétition, Léopoldine fait l'objet d'une intense rivalité entre Auguste et Charles, son frère aîné, telle sa mère, jadis, entre Victor et Eugène Hugo. Et en 1839 dans la campagne normande comme seize ans auparavant aux Feuillantines, chacun fait sa cour le plus soigneusement du monde, avec force compliments et menus cadeaux. Les lettres de Léopoldine révèlent d'emblée qui a gagné la partie. Sur la « cassolette » que lui offre Auguste, la jeune fille n'a rien à dire à Julie, sinon qu'elle est « ravissante ». Mais sur la « petite boîte en ivoire » donnée par Charles, que de détails ! Jugez plutôt : elle est accompagnée de « deux jolis petits flacons, de deux baguiers en coquillages montés avec des fleurs en porcelaine ». Les coquillages semblent du reste avoir la faveur du galant : « Il m'a déjà donné d'admirables coquillages [2]. » Diable ! Voilà un présent apprécié, savouré même. Pourquoi ce coup de foudre ? Charles, vingt-deux ans, joli garçon à barbichette et moustache comme le veut la mode

---

1. *Correspondance de Léopoldine Hugo,* lettre du 24 ou 27 août 1839, pp. 203-204, *op. cit.*
2. *Ibid.,* lettre datée autour du 30 septembre 1839, p. 219.

de l'époque, n'est pourtant pas le premier homme à s'intéresser à la jeune fille aux cheveux noirs.

Il est le premier, en revanche, à ne pas être écrivain, homme politique, ou le moins du monde concerné par le domaine paternel. Comment Léopoldine pourrait-elle s'éprendre d'Auguste, qui, rêvant d'être un nouvel Hugo, obéit au doigt et à l'œil à celui qu'il considère comme son père spirituel ? Il y aurait là quelque chose de trouble, d'incestueux ; le pauvre Auguste n'a aucune chance. A Paris, Mademoiselle Hugo est courtisée par un homme marié de dix-sept ans son aîné, un certain Vincent Antony, dit Anthony-Thouret. Il lui écrit des lettres bien tournées, et lui réserve quelques mots doux quand il rend visite à ses parents. La sage Léopoldine pourrait-elle se laisser tenter par le frisson d'une aventure illicite ? L'homme a de la prestance, et il la convoite avec la fougue d'un jeune homme. Seulement voilà, Anthony-Thouret fréquente la famille Hugo depuis que leur aînée a sept ans, et il mène, circonstance aggravante, une double carrière d'écrivain et d'homme politique ! Oublions. Reste enfin un autre candidat à la main de Léopoldine, prestigieux celui-là, et qui ira jusqu'à la demande en mariage, en mai 1842. Il s'appelle Victor-Antoine Hennequin, c'est le fils d'un célèbre avocat parisien qui fréquente le salon de Victor et Adèle depuis dix ans. Hennequin se serait inscrit à

merveille dans la destinée collective des Hugo...
Comme Victor après la mort de Léopoldine, il
nourrit une véritable obsession pour l'hypnose, le
spiritisme, les jeux dangereux du commerce avec
l'au-delà. Et il mourra fou – comme Eugène, comme
Adèle H. –, en 1854.

*

Or pour aimer, il ne faut à Léopoldine rien qui
ressemble à la société de la place Royale... Mais
bien du neuf, de l'exotique même : un garçon qui
ne soit ni noble ni parisien, ni écrivain ni politique,
bref un bon bourgeois de province, un Charles
Vacquerie. Et puis, il sait s'y prendre, le gredin.
Léopoldine étouffait dans la tempérance et le calme
de sa vie familiale ? Charles lui offre de l'aventure !
Voici la petite troupe en excursion à l'abbaye de
Jumièges – un beau site médiéval, qui se visite toujours. Là, dans le cadre poétique de ces ruines
envahies par les herbes folles, tandis qu'Auguste et
les deux Adèle les observent sagement depuis un
abri sûr, Charles entraîne Léopoldine et le petit
Victor. Son élan d'intrépidité juvénile les conduit
sur « une petite terrasse très étroite, sans parapet et
bordée de chaque côté par un abyme » – racontera
la jeune fille à Julie – qui mène à un escalier en
spirale. La folle ascension continue : « Les marches
devenaient de plus en plus délabrées, l'escalier de

plus en plus tournant. » La peur saisit Léopoldine, guère habituée au péril physique : «Je tremblais comme une feuille. » Ah, vertige exquis! Merveilleuse intensité de ce « terrible moment d'angoisse »! Quand, après des instants de panique, les trois jeunes gens réussissent à redescendre en évitant la chute, Léopoldine s'abandonne à une ivresse inouïe : «Je crus que j'allais embrasser les pavés de joie[3]. » C'est donc cela, vivre! Passer en un clin d'œil de la terreur la plus vive au soulagement le plus grand… et aux côtés d'un beau jeune homme qui vous donne la main… La main, et non le bras. C'est en tout cas ce que Léopoldine a écrit à Julie, avant de prendre peur et de raturer sa confidence et de remplacer la main tendre par le bras convenable.

Un autre jour, les jolies visiteuses sont menées à la mer où elles prennent leur premier bain. « C'est charmant, délicieux », s'enthousiasme Léopoldine avant de décrire la procédure : « On est vêtu d'un pantalon et d'une robe de laine et coiffée d'un bonnet de toile cirée, un baigneur vous prend dans ses bras et vous jette la tête la première dans l'eau, il vous soutient ensuite. » Hé oui car puisqu'on n'a jamais appris à nager, il faut bien un soutien, un point d'appui dans cette mer immense que l'on

---

3. *Ibid.*, lettre datée d'avant le 12 septembre 1839, pp. 207-208.

découvre... Et si le baigneur était Charles Vacquerie ? On imagine l'émoi soudain, les corps qui
se frôlent, ce grand bain de l'amour dans lequel
Léopoldine plonge avec une volupté sans mélange
tandis que sa jeune sœur Adèle – déjà nerveuse et
angoissée – se débat : « Dédé était violemment
émue, elle pleurait, criait, tremblait, égratignait,
demandait à revenir si bien qu'on la reportât de
suite dans la cabine où elle se rhabilla[4]. » Grâce
à Charles, à cette campagne normande qu'il lui
révèle, à ce goût des plaisirs simples qu'il lui fait
partager, tout un monde de sensations physiques
nouvelles s'ouvre à Léopoldine. Et elle s'y abandonne aussitôt, absolument, comme si c'était bien
là ce qu'elle attendait depuis toujours. « Il y a des
natures généreuses qui se livrent, et Cosette en était
une[5] », écrira un jour Victor Hugo.

*

Pendant ce temps, le père ne se doute de rien.
Sa « chère fille », sa « poupée », son « enfant »
continue à lui écrire de douces missives débordantes
d'amour. Bien sûr, il est aisé, pour qui connaît toute
l'histoire, de déceler sous la plume de Léopoldine
les aspérités, les brûlures même, de la culpabilité.

---

4. *Ibid.*, lettre datée autour du 30 septembre 1839, p. 218.
5. *Les Misérables*, tome II, p. 341, *op. cit.*

« Je sais que tu vas à Marseille et je me dépêche de t'écrire afin que tu trouves des nouvelles de nous tous en y arrivant », écrit-elle le plus normalement du monde, avant de se trahir soudain : « ... et que tu sois bien convaincu que dans mon cœur tu occupes avec ma bonne et douce mère la place la plus grande[6]. » Depuis quand faut-il donc le convaincre, ce père-seigneur, ce père-créateur, de la place qu'il occupe dans la vie de sa précieuse fille aînée ? Et puis, cette expression, « la place la plus grande », ne dit-elle pas assez qu'il y a une autre place, plus petite, certes, pour un autre homme... plus petit, sans doute ? Cette Léopoldine de quinze ans ne lasse pas d'émouvoir. « Elle faisait à qui la voyait une sensation d'avril et de point du jour[7] », relèvera Hugo à propos de Cosette et c'est ainsi que sa fille, nimbée des grâces d'un amour naissant, nous apparaît toujours, près de deux cents ans plus tard, fraîche et exquise dans son ingénuité, ses maladroites tentatives de dissimulation qui sont autant d'aveux éperdus.

*

Aucune des lettres que Charles et Léopoldine ont échangées n'a survécu : pendant des années, ils se sont écrit en cachette, détruisant prudemment les

---

6. *Correspondance de Léopoldine Hugo,* lettre du 5 octobre 1839, p. 223, *op. cit.*
7. *Les Misérables,* tome II, p. 346, *op. cit.*

pièces compromettantes, et par la suite leur mariage a rendu toute correspondance inutile. De Villequier, lors de ce premier séjour de septembre 1839, Léopoldine confie à Julie quelques émotions nouvelles, dans des formulations assez vagues pour ne faire sourciller personne. «Je me trouve seule, et sans appui, ô ma chère Julie. Que faire? Je commence à être violemment impatientée[8]», écrit-elle ainsi, sans doute déstabilisée par la première déclaration du jeune homme. Toute son énergie passe non à révéler ce qui lui arrive mais à s'inquiéter d'être découverte : «Je te prie de ne montrer mes lettres à *personne*. Je les écris pour toi seule, entends-tu bien[9].» Et une semaine plus tard, avec, dans le ton, une gaieté qui se voile soudain d'un nuage d'angoisse : « Voilà une lettre-volume! Une lettre immense, monstrueuse, incroyable. Je te défends formellement de la montrer à qui que ce soit, tu me désobligerais beaucoup si tu le faisais. Toi, tu m'aimes, tu me comprends, tu ne te moques pas du tout de ce que je peux t'écrire[10].» On est en pleine comédie de Molière : la romance se noue au nez et à la barbe du père sévère et protecteur, les billets doux valsent sans qu'il se rende compte de rien, et les serments d'amour sont d'autant plus

---

8. *Correspondance de Léopoldine Hugo,* lettre du 20 septembre 1839, p. 214, *op. cit.*

9. *Ibid.,* lettre du 12 septembre 1839, p. 212.

10. *Ibid.,* lettre du 20 septembre 1839, p. 215.

exquis que plane la menace d'être pris... Près de trois ans plus tard, quand Léopoldine attend que Charles fasse sa demande en mariage, elle est plus explicite encore : « Surtout ne fais aucune allusion dans tes lettres à ce que tu sais. Papa les lit toutes. (...) Ne prononce le nom de personne. Tu pourrais tout perdre[11]. »

*

En fin de compte, Julie Foucher n'a rien dit, et la romance est restée secrète aussi longtemps que possible. Il fallait une complicité au plus haut niveau pour réussir pareil tour de force alors même que la vie de Léopoldine se déroulait entièrement sous l'œil sévère de ses parents... L'ange gardien se prénomme Adèle, qui met d'emblée ses ressources de mère et ses attentions d'amie au service du jeune couple. Grande énigme que cette implication de la mère dans les amours de la fille. Pourquoi Adèle a-t-elle décidé, probablement dès septembre 1839 – puisque c'est sous ses yeux que Léopoldine donne, à Jumièges, la main à Charles Vacquerie –, de prendre le parti du jeune homme ? De favoriser les rendez-vous secrets, les échanges de correspondance ? Dans une lettre de 1841 – près de deux ans après la première rencontre –, Léopoldine fait ses recommandations à Auguste pour qu'il lui

---

11. *Ibid.*, lettre d'avril-mai 1842, p. 297.

transmette en toute discrétion les lettres que lui écrit Charles. Elle indique en post-scriptum : « Je suis le conseil de maman en tout ceci, Monsieur [12]. » Voilà qui est clair.

La relation entre Adèle et Léopoldine est difficile à cerner. D'abord parce que les deux femmes sont inséparables, et n'ont nul besoin de s'écrire (elles ne le feront vraiment qu'en 1843, pendant les quelques mois qui séparent le mariage de Léopoldine de sa mort). Dès l'enfance, Didine s'est beaucoup inquiétée de la tristesse de sa mère, et a tenté, en jouant de son influence sur Victor, d'apaiser son chagrin. La correspondance révèle une Adèle souvent indisposée, malade, souffrant, elle aussi, des yeux et de mille autres douleurs imprécises… Signes, sans doute, d'épisodes dépressifs ou du moins de forte mélancolie. « Maman ne se porte pas bien [13] », écrivait déjà la fillette de sept ans à Louise Bertin, et la phrase ne cesse, par la suite, de revenir à intervalles réguliers. Est-ce pour cela que Léopoldine agit souvent avec Adèle comme une mère, une instance bienveillante et protectrice ? Son premier instinct est toujours de dominer ses propres émotions, pour garantir la tranquillité d'esprit de son aînée. L'année de ses onze ans, on refuse à l'enfant d'aller à un bal auquel elle se réjouissait d'assister.

---

12. *Ibid.*, lettre du 19 juin 1841, p. 283.
13. *Ibid.*, lettre du 31 décembre 1831, p. 30.

Elle ravale aussitôt son chagrin : « Je n'ai pas pleuré parce que j'aurais craint de faire de la peine à maman qui est si bonne pour moi[14]. »

L'inversion des rôles est flagrante dans cette anecdote du premier séjour à Villequier, celui où tout se joue, en septembre 1839. La petite société a été invitée au Havre, chez Marie-Arsène, sœur aînée d'Auguste et Charles, épouse d'un certain Nicolas Lefèvre, qui possède une maison de commerce. On y va par le fleuve, et il faut partir tôt. Léopoldine raconte à Julie : « Il faisait une pluie effroyable, à quatre heures du matin, on nous réveille, de mon lit j'entends maman qui dit : "Tant pis, je ne veux pas me lever, il est trop matin, laissez-moi tranquille, j'ai envie de dormir." Tout le monde se levait pour s'embarquer, je cours trouver maman, je lui fais comprendre qu'il serait très désagréable de rester avec les malles et les paquets tout faits, qu'on nous attend au Havre, enfin je la décide à s'habiller[15]. » Qui est la mère et qui est l'enfant, de la paresseuse qui refuse de se lever au mépris des règles de la politesse, ou de la raisonneuse qui veille à ce que nul impair ne soit commis et parvient, par ses beaux discours, à tirer du lit la récalcitrante ?

---

14. *Ibid.*, lettre à Julie Foucher du 7 février 1835, p. 90.
15. *Ibid.*, lettre du 30 septembre 1839, p. 217 .

A la faveur de l'intrigue avec Charles Vacquerie, Adèle devient à son tour l'ange gardien de sa fille. En 1840, profitant d'une absence d'Hugo, le jeune homme vient à Paris. Reçu place Royale, il retrouve sa dulcinée et lui jure son amour éternel, le tout sous l'œil charmé de la mère. Que savent les frères et sœur? Victor et Charles, de leur pension, ignorent tout, mais la petite Adèle est témoin, complice même, de ce ballet amoureux. Elle a dix ans, et l'aventure si romanesque de sa sœur aînée enflamme son imagination. Quoi de plus exaltant que d'avoir un galant qui ne peut vivre sans vous et qu'il faut cacher à un père jaloux? A l'été 1841, Adèle emmène les enfants en vacances chez les Chaley, au château de Saint-Prix. Là encore, visite de Charles. Adèle s'assure du silence général : ni les siens ni les Chaley ne souffleront mot de la visite du jeune homme à Victor, qui est pourtant un habitué de la maison. En mai 1842, la mère complice va plus loin encore. Quand Victor-Antoine Hennequin lui confie sa lettre de déclaration à Léopoldine, Adèle ne la transmet ni à la destinataire ni à son mari mais... à Auguste Vacquerie! Ce malheureux avocat Hennequin pensait avoir joué finement en sollicitant l'approbation de la mère avant d'oser affronter le père dont il devine aisément que le consentement ne sera pas immédiat... Las, il est la dupe des astuces de Madame Hugo, cette Vénus de

la place Royale, tout à son complot avec Cupidon.
C'est d'ailleurs cette dernière péripétie qui précipite
les événements : Auguste comprend que si Charles
ne fait pas sa demande officielle, Léopoldine risque
de lui échapper ; oubliant sa propre inclination pour
la jeune fille, il supplie le père Vacquerie de faire à
son frère une situation ; et en juillet 1842, Charles
demande enfin la main de Léopoldine Hugo.

*

Dans toute cette affaire, mère et fille révèlent
beaucoup de leur caractère. Du côté d'Adèle, on lit
un amour maternel puissant, une authentique aspiration à rendre Léopoldine heureuse, à combler ses
désirs. Il n'y a pas si longtemps, après tout, qu'elle-
même goûtait aux délices des amours adolescentes
et rêvait d'épouser l'élu de son cœur. Elle connaît
assez sa fille pour comprendre que seul un garçon
très différent de Victor peut trouver une place dans
son cœur possédé du grand homme. Et puis, elle
est sans doute fort aise que Charles soit un parti si
médiocre. Adèle sait mieux que personne, elle qui
accompagne depuis des années sa marche décidée
vers l'Olympe, que Victor ne rêve pas seulement de
gloire littéraire, mais aussi d'ascension sociale. Or
Charles Vacquerie est loin d'être un beau parti :
c'est un provincial sans fortune, un Rubempré sans
génie, un Rastignac sans ambition. Pas vraiment le

mari brillant qu'auraient pu amener à la famille la beauté, le raffinement de Léopoldine.

Laquelle Léopoldine dévoile au cours de ces trois années de dissimulation et de romance clandestine une volonté bien trempée, une forte personnalité. Sa mère n'écrivait-elle pas – signe avant-coureur –, alors qu'elle n'avait pas onze ans : « Didine est tranquille et silencieuse mais a ses petits moments peu faciles [16] ? » Après le coup de foudre, la jeune fille, toujours tranquille et silencieuse en surface, ne revient jamais sur son choix. Qu'importent le qu'en-dira-t-on, les défauts de ce Charles sans lustre, la vie un peu terne qui se profile à l'horizon et même l'opposition probable du père auquel on cache tout... Elle est tout à son bonheur d'aimer et d'être aimée. A peine rentrée de Villequier, la voici, espiègle, qui écrit à Julie : « Je me porte à ravir, je suis excessivement engraissée depuis mon retour. Je suis grosse deux fois comme toi, petite sylphide ! J'ai un appétit féroce [17]. » Un appétit féroce de vivre, bien sûr, éveillé par le soupirant. Et puis, il en fallait du courage pour cacher pareille aventure au père tant aimé qui jusqu'alors avait tout connu de sa vie, et dans les moindres détails. Racontant les amours secrètes de Marius et Cosette des années

---

16. *Ibid.*, lettre d'Adèle Hugo à Martine Hugo du 5 octobre 1835, p. 105.
17. *Ibid.*, lettre du 25 octobre 1839, p. 234.

après la romance normande de sa fille, Hugo ren-
dra ce bel hommage aux jeunes filles qui osent
braver l'interdit paternel : « Cosette de sa nature
n'était pas très effrayée. Il y avait dans ses veines
du sang de bohémienne et d'aventurière qui va
pieds nus. On s'en souvient, elle était plutôt alouette
que colombe. Elle avait un fond farouche et
brave [18]. » Ainsi va Léopoldine, autre alouette bra-
vant la tempête, avançant, farouche et brave, vers
un destin funeste.

---

18. *Les Misérables*, tome II, p. 249, *op. cit.*

CHAPITRE SEPT

Tempête sous un crâne

Il faut imaginer la scène, ce jour de juillet 1842, dans le salon si familier de la place Royale. L'air étouffant, lourd de menaces. Qui révèle la vérité à Victor ? Qui ose lui raconter la farce qui s'est jouée sous son nez ? Probablement Adèle, dévouée corps et âme à son rôle d'ambassadrice de Charles Vacquerie. Après tout, sans elle, les deux tour-tereaux n'auraient pu ni s'écrire ni se revoir, et la romance légendaire serait restée une amou-rette de vacances... Léopoldine attend, tremblante, le souffle court, l'oreille collée à la porte de sa chambre, que l'on décide de son sort. Elle envoie même sa petite sœur en mission de reconnaissance. Papa a-t-il l'air bien fâché ? Maman réussit-elle à le convaincre ? Tout, au fond, est affaire de stratégie. Transmettre la demande en mariage de Charles, c'est à la fois mettre Hugo devant le fait accompli et tenter d'arracher son consentement. Mieux vaut donc cacher, autant que possible, les moments volés, les rencontres fugitives à Paris et à Saint-Prix, les lettres confiées à Auguste, toute l'ingéniosité déployée, enfin, pour s'aimer à son insu... Épargné ou pas, le père trahi réagit avec une violence saisissante. On raconte que ses cheveux blanchissent soudainement, qu'il ne dort plus, qu'il perd l'appétit. Il tonne, il peste, il agonit Charles d'injures : « ce misérable chercheur d'amourettes, ce fainéant de romance, cet imbécile, ce lâche [1] », songera Jean Valjean à propos de Marius; « ces gendres mal venus, incomplets, indignes, inférieurs [2] », gronde Hugo lui-même, devant la famille réunie, à en croire une lettre de sa fille Adèle.

Son premier réflexe est celui d'un homme meurtri : chercher, à tout prix, un moyen d'éviter l'union funeste. Bien sûr, il ne saurait refuser à son enfant chérie d'épouser celui qu'elle aime... Mais qu'est-ce donc que ce Charles Vacquerie ? Un petit bourgeois aux maigres ressources ! Voilà qui est indigne de la fille d'un académicien fraîchement intronisé, bientôt mêlé au cercle des intimes du roi Louis-Philippe. Aussi Hugo prend-il un malin plaisir à faire le difficile dans la négociation avec la

---

1. *Les Misérables*, tome II, p 524, *op. cit.*

2. Lettre d'Adèle Hugo à Victor Hugo du 20 décembre 1861, citée dans *Victor Hugo (pendant l'exil)*, Jean-Marc Hovasse, p. 684, Fayard, 2008.

famille Vacquerie. Il annonce que les finances de Charles lui paraissent trop précaires, exige des garanties de plus en plus nombreuses. D'autres demandent une robe couleur de lune, et puis aussi couleur du temps ; lui décrète soudain que le jeune couple doit s'établir à Paris… alors qu'il sait parfaitement que Charles – pour avoir les ressources nécessaires au mariage – s'est fait engager au Havre, dans la maison de commerce de son beau-frère.

Pendant qu'il temporise pour retarder cette union qu'elle espère tant, Hugo continue à écrire à Léopoldine, mais sans jamais évoquer la grande affaire qui préoccupe toute la famille. Il garde sa colère pour lui, sourde, contenue. On note cependant que les lettres cantonnent la jeune fille dans son éternel rôle de messagère, façon subtile de la punir : « Dis à mon gros Charlot que puisqu'il dessine, il ait soin de toujours dessiner d'après nature, lentement et soigneusement et fidèlement. C'est le moyen d'arriver un jour à faire vite et sûrement[3]. » Manière de ne pas parler de l'autre Charles, ce Monsieur Vacquerie auquel l'on n'invente certainement pas de petit surnom affectueux, ni ne prodigue le moindre conseil. Léopoldine ne proteste pas, elle multiplie les déclarations d'amour, les

---

3. *Correspondance de Léopoldine Hugo*, lettre du 8 septembre 1842, p. 308, *op. cit.*

preuves de dévouement, et signe plusieurs missives
« ta fille tendre et soumise [4] ». Il faut attendre février
1843, et la cérémonie du mariage, pour qu'Hugo
s'adoucisse un peu. «Je remercie bien papa du
pardon qu'il m'accorde; je craignais qu'il ne m'en
voulût, et Dieu sait cependant si je l'aime [5]! », écrit
alors Léopoldine à sa mère.

*

Le plus éloquent témoignage du choc que représente la nouvelle pour Hugo se trouve dans la trans-
position romanesque qu'opère *Les Misérables*. Car
l'auteur y condense deux événements certes proches dans le temps, mais pas vraiment de même
nature : le mariage et la mort de Léopoldine. Jean
Valjean découvre que Cosette est amoureuse – tragédie infâme, malheur écrasant – en lisant sur un
buvard quelques lignes sans équivoque adressées
à Marius. Au moment de raconter que Cosette
délaisse son père pour un amour adulte, Hugo s'inspire donc de la scène du café de l'Europe, de ce
9 septembre 1843 où un article de journal lui
a appris la mort de sa fille. Quoi de plus révélateur que cette fusion des deux drames? Léopoldine amoureuse, c'était déjà, bien entendu,
Léopoldine morte... La vie, ironie amère, a aussitôt

---

4. *Ibid.*, p. 306.
5. *Ibid.*, lettre du 25 février 1843, p. 325.

donné raison au père éploré : mariée mi-février, noyée début septembre, la jeune fille n'a pas survécu longtemps hors de l'emprise paternelle. Ainsi, avec une puissance à donner des frissons, Hugo fait-il coïncider la nouvelle que la fille échappe au père et l'entrée en scène, solennelle, glaçante, de la mort : « Aussi quand il vit que c'était décidément fini, qu'elle lui échappait, qu'elle glissait de ses mains, qu'elle se dérobait, que c'était du nuage, que c'était de l'eau, quand il eut devant les yeux cette évidence écrasante : un autre est le but de son cœur, un autre est le souhait de sa vie ; il y a le bien-aimé, je ne suis que le père, je n'existe plus ; quand il ne put plus douter, quand il se dit : Elle s'en va hors de moi ! La douleur qu'il éprouva dépassa le possible. Avoir fait tout ce qu'il avait fait pour en venir là ! Et, quoi donc ! N'être rien[6] ! »

N'être rien ! Lui, Victor Hugo, le dieu des romantiques, l'académicien, le futur pair de France, le génie enfin ! C'est inconcevable, et pourtant c'est ainsi : il n'est « que le père », il n'existe plus, il faut se résigner. Un accord finit par être trouvé entre les deux parties – le clan Hugo, donc, et le clan Vacquerie, pour le compte duquel agit Nicolas Lefèvre, beau-frère et employeur de Charles. Victor accorde à sa fille une rente de 4 000 francs et une dot confortable de 30 000 francs. Il est entendu que

---

6. *Les Misérables*, tome II, p. 524, *op. cit.*

le jeune couple passera ses premières années au Havre, mais avec la perspective de monter à Paris dès que Charles aura fait ses preuves chez Nicolas Lefèvre. Joli contrat, qui règle tout. Seulement voilà qu'au moment d'apposer son nom au bas du papier fatidique, Victor est frappé par une crise de rhumatismes. Son bras droit – quoi d'autre ? – est soudain paralysé ! Impossible de signer : Charles et Léopoldine devront attendre quelques jours de plus leurs fiançailles officielles. Dans *Les Misérables*, Valjean, blessé à la main, est lui aussi incapable de signer le contrat de mariage de Cosette et Marius. Il révèle plus tard au jeune homme qu'il s'est délibérément écrasé le pouce de la main droite pour éviter à sa chère Cosette la honte d'avoir un faux parmi ses papiers, puisqu'elle ignore son identité d'ancien bagnard. Dans la fiction, Hugo révèle donc, et le plus simplement du monde, la vérité de l'inconscient : c'est nécessairement par un effet de sa volonté qu'un père jaloux se retrouve la main hors d'usage le jour où il lui faut consentir par écrit à céder sa fille à un autre…

*

Après la mort de Léopoldine, Hugo se fera le chantre des jeunes filles, ces créatures célestes magnifiées par la plume délicate du poète. Mais toujours il laissera planer au-dessus de leurs têtes graciles une menace silencieuse, la promesse inexpliquée d'une destruction toute proche. Ainsi, dans *Les Travailleurs de la mer* : « Elle allait devant elle avec une vivacité libre et légère, et, à cette marche qui n'a encore rien porté de la vie, on devinait une jeune fille. Elle avait cette grâce fugitive de l'allure qui marque la plus délicate des transitions, l'adolescence, les deux crépuscules mêlés, le commencement d'une femme dans la fin d'un enfant[7]. » « Le commencement d'une femme » serait donc un crépuscule : étrange confusion, qui teinte de mélancolie l'évocation pourtant allègre de Déruchette. Enveloppant comme un nuage les silhouettes gracieuses, primesautières qui traversent l'œuvre, l'angoisse des ténèbres ne quitte pas le romancier : « L'œil de l'homme doit être plus religieux encore devant le lever d'une jeune fille que devant le lever d'une statue (…). La jeune fille n'est qu'une lueur d'aurore[8]. » Et ailleurs : « Cosette était une condensation de lumière aurorale en forme de femme[9]. » Impalpable, insaisissable, la jeune fille hugolienne est un fantôme charmant, une Eurydice qui disparaît au moment même où on croit l'étreindre.

*

7. *Les Travailleurs de la mer*, p. 114, *op. cit.*
8. *Les Misérables*, tome II, p 583, *op. cit.*
9. *Ibid.*, p. 346.

Le 10 octobre 1842, la chance sourit enfin à
Hugo. Non que sa fille se détourne de Charles, ce
serait trop beau! Mais la mort brutale de Nicolas
Lefèvre plonge la famille Vacquerie dans l'affliction. Plus question, donc, de folles réjouissances ou
de mariage à grand spectacle... Quel soulagement
pour le père meurtri! Personne n'est mort dans son
entourage proche, et pourtant Victor se sent l'âme
endeuillée, allant jusqu'à jeter sur le papier cette
formule éloquente: « Ce bonheur désolant de
marier sa fille [10]. » Les parents Vacquerie restent
auprès de leur aînée, Marie-Arsène, décidément
bien éprouvée par l'existence – avant son mari, elle
avait déjà perdu deux de ses fils, et son père et son
frère Charles n'allaient pas tarder à disparaître.
Ne se déplaceront pour la cérémonie en l'église
Saint-Paul-Saint-Louis, à deux pas de la place
Royale, que les deux soupirants de Léopoldine,
Auguste et Charles. Reste à fixer la date du mariage, ce qui n'est pas chose aisée : en effet, lointaine réminiscence de la première communion,
Juliette Drouet s'invite une fois de plus dans la vie
de Mademoiselle Hugo...

Depuis toujours en effet, les amants magnifiques
commémorent chaque 17 février leur première nuit
d'amour : « Le 26 février 1802, je suis né à la vie.
Le 17 février 1833, je suis né au bonheur entre tes

---

10. Cité dans *Victor Hugo (avant l'exil)*, p. 875, *op. cit.*

116

bras[11] », écrit Hugo à Juliette avec une solennité majestueuse. Souvenir d'une volupté intense qui fut aussi une communion des âmes, cet anniversaire se doit d'être une célébration sacrée – il fallait bien, explique le poète, compenser « ce qu'il y avait d'irrégulier dans notre bonheur par ce qu'il y avait de saint dans notre amour[12] ». Or quelle est la première date arrêtée par le jeune couple Vacquerie ? Le 17 février 1843, dix ans jour pour jour après la première union du père de la mariée et de sa maîtresse clandestine ! Grand superstitieux – terrifié par le chiffre 13, angoissé le vendredi, et on en passe –, Hugo ne voit pas d'un bon œil cette coïncidence. Et si Dieu allait y déceler une provocation, une insolence blasphématoire, maudire l'alliance de deux cœurs purs pour punir enfin Victor de sa liaison illicite ? Il insiste donc pour avancer la cérémonie de quelques jours et obtient gain de cause à la dernière minute – aurait-il, pour emporter la victoire, avoué à la grande ennemie de Juliette, Adèle, la vraie raison de son apparent caprice ?

Le mariage de Léopoldine et Charles est donc célébré le 15 février. La mariée, vêtue d'une robe de taffetas immaculé, chaussée et gantée de blanc, est coiffée d'un fichu de dentelle et d'un voile de tulle, surmonté d'une couronne de roses blanches et

11. *Ibid.*, p. 589.
12. Lettre du 20 février 1849.

de fleurs d'oranger en étoffe… C'est la tenue exacte de Cosette dans *Les Misérables*, qui pour sa part épouse Marius un 16 février, comme si le romancier voulait — faisant d'une pierre deux coups — évoquer à la fois les noces réelles de sa fille et celles, symboliques, qui le lient à Juliette. Hugo compose un poème pour l'occasion, qu'il lit au jeune couple, peut-être à l'église ou bien le soir, au dîner donné place Royale, et qui sera reproduit dans *Les Contemplations* :

> « *Aime celui qui t'aime, et sois heureuse en lui.*
> *– Adieu ! – sois son trésor, ô toi qui fus le nôtre !*
> *Va, mon enfant béni, d'une famille à l'autre.*
> *Emporte le bonheur et laisse-nous l'ennui !*
>
> *Ici, l'on te retient ; là-bas, on te désire.*
> *Fille, épouse, ange, enfant, fais ton double devoir.*
> *Donne-nous un regret, donne-leur un espoir,*
> *Sors avec une larme ! Entre avec un sourire* [13] *!* »

Qu'il est lugubre, le discours du père de la mariée ! Cette idée d'un bonheur emporté à jamais, cet ennui mortel qui s'abat soudain sur la famille orpheline, le tout baigné de larmes et trempé d'affliction… Sinistres adieux. Même registre du côté des frères et sœur. François-Victor confie à un

---

13. *Les Contemplations*, livre quatrième : *Aujourd'hui/Pauca meae*, poème II : *15 février 1843*, p. 273, *op. cit.*

de ses amis, le 2 février : « Nous sommes, dans ce moment, au milieu d'une grande joie et d'une grande peine. Nous marions Didine avec le frère de M. Vacquerie. Nous sommes heureux de la voir heureuse, malheureux de la voir partir loin de nous [14]. » Le soir de la noce, chez les Hugo, on nage en plein drame : « dès que Léopoldine fut partie », lit-on dans *Victor Hugo raconté par un témoin de sa vie*, « la mère s'enferma et pleura. Sa petite Adèle, trop enfant pour s'expliquer son propre chagrin, s'écriait : Quel mal ai-je donc fait pour souffrir ainsi [15] ? ». Pauvre Adèle de douze ans, forcément blessée – au-delà de la tristesse de la séparation – de voir le départ de sa sœur aînée susciter un tel désespoir. Ne compte-t-elle pour rien, elle, dans l'atmosphère qui règne place Royale ? N'y a-t-il donc que Léopoldine pour mettre un sourire aux lèvres du père, un rayon de joie dans les yeux de la mère ?

*

Léopoldine elle-même n'est pas la moins malheureuse. Bien sûr, elle a voulu ce mariage, elle en a rêvé pendant des années, elle a intrigué même, elle, la pure, l'angélique, pour qu'il ait lieu. Mais à la veille de son départ pour Le Havre, la future

---

14. Lettre du 2 février 1843, citée dans *Léopoldine, l'enfant-muse de Victor Hugo*, p. 196, *op. cit.*
15. Cité dans *Victor Hugo (avant l'exil)*, p. 876, *op. cit.*

Madame Vacquerie tremble de se retrouver seule, sans ses appuis familiers, hors de ce qui est son univers depuis toujours. Quelques semaines avant le mariage, elle prend la plume pour écrire cette supplique à Marie-Arsène Lefèvre, sa future belle-sœur : « Permettez-moi, madame, de vous demander un peu de votre affection. Je compte bien sur vous pour remplacer ceux que je quitte ; vous seule et votre mère pourrez me tenir lieu de famille. Oh ! Madame, je vous en prie, aimez-moi comme une sœur [16]. » Avant même que résonne le vers paternel – « Va, mon enfant béni, d'une famille à l'autre » –, il est donc entendu que Léopoldine perd sa famille en prenant un époux.

*

Retour à ce 15 février fatal. Après le dîner servi pour vingt-quatre convives – vraiment le minimum vu le statut des Hugo –, les jeunes époux vont à l'hôtel passer leur nuit de noces. Ils prennent, quatre jours plus tard et sans avoir revu les parents de Léopoldine, une diligence pour Le Havre – où Charles doit commencer à travailler. Qui sait à quoi songe Hugo pendant ces jours terribles, les derniers que sa fille passe à Paris ? « Elle me quitte. Je suis triste, triste de cette tristesse profonde que doit avoir (qui

---

16. *Correspondance de Léopoldine Hugo*, lettre de fin janvier 1843, p. 318, *op. cit.*

le sait?) le rosier au moment où la main d'un passant lui cueille sa rose[17] », confie-t-il à Juliette. Leur 17 février a, cette année-là, un goût d'amertume. « J'espère, mon pauvre ange, (…) que le bonheur de ton enfant adorée ne te sera plus un sujet de larmes et de désespoir[18] », écrit Juliette, qu'on devine froissée, piquée même. Ne signifie-t-elle pas clairement – en faisant du bonheur de Léopoldine et non de son départ le sujet du malheur d'Hugo – qu'un chagrin si bruyant lui semble quelque peu déplacé?

Dans cette grande réécriture de la romance de sa fille qu'est la partie des *Misérables* consacrée à l'amour de Cosette pour Marius, Hugo a bien soin de préserver la pureté du jeune couple. Il insiste sur la chasteté de cet amour, sa grandeur spirituelle. Il s'agit, écrit-il, d'une « possession virginale », oxymore curieux qu'il explique ainsi : « Marius donc possédait Cosette, comme les esprits possèdent; mais il l'enveloppait de toute son âme et la saisissait jalousement, avec une incroyable conviction. Il possédait son sourire, son haleine, son parfum, le rayonnement profond de ses prunelles bleues, la douceur de sa peau quand il lui touchait la main, le charmant signe qu'elle avait au cou, toutes ses

---

17. Lettre du 17 février 1843, citée dans *Victor Hugo (avant l'exil)*, p. 876, *op. cit.*

18. Lettre de février 1843, citée dans *Léopoldine, l'enfant-muse de Victor Hugo*, p. 202, *op. cit.*

pensées [19]. » La relation n'est pas sans dimension sensuelle – l'haleine, le petit signe au cou –, mais l'acte de chair n'est ni consommé ni même imaginé par ces amoureux d'une extrême noblesse. L'insistance d'Hugo sur ce point est bien sûr révélatrice. L'idée que sa Léopoldine est désormais une femme mariée, amoureuse et amante, lui est insupportable.

CHAPITRE HUIT

Scènes de la vie conjugale

On avait quitté Léopoldine en fiancée ardente, impatiente d'être enfin unie à l'élu de son cœur. On la retrouve mariée, et donc, forcément, heureuse. C'est du moins ce qu'elle répète à son entourage, avec une insistance qui finit par paraître suspecte. A sa mère, le 25 février : « vois-tu, je jouis bien complètement et profondément de ma réunion avec Charles[1] ». Et encore, le 8 mars : « Je t'assure que ma vie me semble bien douce et bien belle. » Elle a même un mot rassurant pour qui s'inquiète de ce qu'une demoiselle convenable de l'époque – c'est-à-dire parfaitement ignorante en matière de sexualité – a pu ressentir lors de sa nuit de noces : « J'aime encore plus Charles depuis que je suis sa femme[2]. » A son père, dix jours plus tard : « Je me sens aimée

---

1. *Correspondance de Léopoldine Hugo*, lettre du 25 février 1843, p. 325, *op. cit.*
2. *Ibid.*, lettre du 8 mars 1843, p. 343.

et je suis heureuse[3]. » Louise Bertin lui écrit, toute réjouie d'imaginer l'impertinente Didine enfin assagie : « maintenant que ton mari s'est chargé d'achever mes sermons des Roches et de te prouver que le maître fait aimer le joug, je suis sûre que tu penses qu'il y avait du vrai dans les rabachages de ta vieille amie[4] ». Et Léopoldine douce et calme, comme rayonnante de l'indicible plaisir d'obéir, tombe d'accord avec son aînée : « Tu as raison, chère Louise, c'est un bonheur immense que de se soumettre à un être aimé. Je ne comprends pas du tout les femmes qui veulent dominer, il me semble qu'elles laissent échapper ainsi les plus douces, les plus vraies et les meilleures joies de ce monde[5]. »

Alors domptée, Léopoldine ? Éteint, le vif-argent ? Épanouie sous le joug, amoureuse de son maître, la bohémienne qui allait jadis pieds nus, farouche et brave ? En quittant Paris le 20 février, la jeune Madame Vacquerie s'est promis une chose : elle reviendra dès le 7 mars, assister à la première de la nouvelle pièce de son père, *Les Burgraves*, au Théâtre-Français. Elle sera là, fidèle au poste, comme à chaque création depuis cet *Angelo, tyran de Padoue* pour lequel elle avait osé braver les foudres de son institutrice... Mais là où Mademoiselle

---

3. *Ibid.*, lettre du 18 mars 1843, p. 359.
4. *Ibid.*, lettre du 23 mars 1843, pp. 364-365.
5. *Ibid.*, lettre du 10 avril 1843, p. 381.

Briant avait échoué, les Vacquerie réussissent. Le 6 mars, ils demandent à leur fils Charles d'oublier cet énième voyage à Paris pour les accompagner à Villequier. Léopoldine discute, elle refuse, elle pleure. Rien n'y fait. Serait-ce une manière, pour le clan Vacquerie, de prendre sa revanche sur le célèbre écrivain, qui ne s'est pas gêné, pendant les tractations précédant le mariage, pour leur faire sentir sa supériorité ? Sans doute, et le tour est efficace. Père académicien ou pas, Léopoldine doit désormais obéissance à son époux ; il lui faut bien capituler. Un vrai chagrin transparaît dans les lettres qu'elle adresse tous les jours place Royale : « Je ne puis réprimer l'ennui que me donne la certitude que le sort des *Burgraves* est décidé sans que j'en sache rien le lendemain de la représentation [6]. » Elle n'en dira pas plus. Comment, alors que son départ a jeté les siens dans la détresse, pourrait-elle être autre chose qu'heureuse, obstinément, outrageusement heureuse ? Parfois pourtant, l'envie semble lui manquer : « je n'ai pas besoin de te parler de Charles [7] », annonce-t-elle à sa mère, l'air de rien, au détour d'une missive.

*

6. *Ibid.*, lettre à Adèle Hugo du 8 mars 1843, p. 340.
7. *Ibid.*, lettre du 21 février 1843, p. 325.

Quelle est l'existence de Léopoldine, du 21 février 1843 à sa mort, le 4 septembre ? Villequier offre de temps en temps au jeune couple quelques bouffées d'air frais, des échappées champêtres empreintes du souvenir charmant des premiers temps de leur amour. Mais pour l'essentiel, on reste au Havre, où Charles travaille et où les femmes de la famille se réunissent chaque jour dans la maison Lefèvre, avec ses grandes fenêtres qui donnent sur le cimetière. Léopoldine, sa belle-mère et Marie-Arsène discutent au salon, font de la broderie, s'occupent à de menus travaux. L'ami de la famille, Honoré de Balzac, aurait fait son miel de cette romance juvénile si vite figée dans l'ennui poisseux de la vie de province. Les journées défilent, toutes identiques. Le 4 mars, à sa mère : « il ne s'est rien passé de particulier dans notre intérieur[8] ». Et le 15 : « Il faut maintenant que je te conte ma vie depuis huit jours. C'est à peu près la même chose[9]. » Qu'il est loin le temps des grandes émotions partagées avec Charles, du danger exquis encouru sur la terrasse étroite de Jumièges et des baignades qui fouettent le sang dans la mer glacée ! Les seuls événements, les seules sources de sentiments un peu vifs, ont trait au regard peu

---

8. *Ibid.*, lettre du 4 mars 1843, p. 333.
9. *Ibid.*, lettre du 15 mars 1843, p. 353.

amène que pose sur la jeune mariée la bonne société havraise. Dès son arrivée, Léopoldine se fait réprimander sur sa tenue : «Je te dirai, ma petite maman, que j'ai été obligée de faire une emplette que j'avais remise à plus tard. Elle m'a été conseillée par ma belle-sœur. Elle a trouvé que je ne pouvais pas mettre constamment mon châle, qu'ici, où tout est remarqué, on s'étonnerait de ne me voir que cela.» Et plus loin, «Mme Lefèvre dit que je ne peux pas sortir seule avec mon collet de drap, attendu qu'on me prendra pour une petite fille échappée de pension [10]». On imagine aisément l'excitation, la curiosité un peu mauvaise qui entourent l'arrivée de la fille aînée de Victor Hugo. Les commérages portent avant tout sur ses dépenses. Si elle se conduit avec modestie – en ne portant qu'un seul châle par exemple –, on la décrète avare, près de ses sous, et puis pimbêche avec son air de « petite fille échappée de pension ». Si elle dépense trop, la voici snob, insupportable, avec ses mines de Parisienne égarée à la campagne : se prendrait-elle pour une princesse ? Très vite, la jeune femme comprend que ses moindres gestes sont surveillés, que ses attitudes sont commentées à l'infini, et c'est avec une pointe de tristesse qu'elle finit par se surveiller davantage, admettant que « dans une petite ville comme

---

10. *Ibid.*, lettre du 25 février 1843, p. 328.

Le Havre, tout a une importance [11] ». Aussi quand elle prépare la venue de sa mère – prévue pour le mois de mai – a-t-elle soin de ne pas se montrer dispendieuse : « Je voudrais faire un petit palais de ta maison sans dépenser d'argent. Pour cela, je me casse la tête [12]. » En mars, l'ambiance s'alourdit encore avec la mort du père de Charles et Auguste : « Je vais prendre le plus grand deuil [13] », annonce Léopoldine à Adèle, à moins de six mois de sa propre disparition.

*

Pendant ce temps, Hugo veut croire au bonheur de sa fille. Il se résout même à accepter son époux, au moins en paroles. « Je sais que ton mari est bon, doux et charmant; je le remercie du fond de l'âme de ton bonheur; soyez tous les deux sages et absorbés l'un dans l'autre, la joie de la vie est dans l'unité, gardez l'unité, mes enfants; il n'y a que cela de sérieux, de vrai, de bon et de réel [14] », conseille-t-il, en homme qui sait de quoi il parle. Car depuis le départ de Léopoldine, l'union avec Adèle est en péril. L'équilibre précaire qui maintenait depuis des années une forme d'harmonie chez les Hugo est bouleversé par l'absence de leur fille aînée, ce

---

11. *Ibid.*, lettre à Adèle Hugo du 8 mars 1843, p. 345.
12. *Ibid.*, lettre à Adèle Hugo du 13-14 avril 1843, p. 388.
13. *Ibid.*, lettre du 21 mars 1843, p. 361.
14. *Ibid.*, lettre du 16 mars 1843, p. 357.

trait d'union charmant entre les conjoints infidèles. « M. et Mme Hugo dataient leurs plus doux souvenirs de la naissance de Léopoldine. Ils l'avaient bercée, soignée, veillée, idolâtrée en commun [15] », expliquent de concert les époux dans *Victor Hugo raconté par un témoin de sa vie*. Sans elle, ne reste plus qu'un tourbillon d'amertume et de jalousies. Adèle se confie là-dessus à sa fille avec plus de franchise que jadis, de femme mariée à femme mariée ; elle renonce aux sous-entendus pour évoquer sans ambages les multiples écarts de Victor, sa liaison notoire avec Juliette Drouet. D'autant plus inquiète qu'elle est loin, condamnée à l'impuissance, Léopoldine cherche à toute force à s'acquitter de cette tâche impossible : être la consolatrice de sa propre mère. « Soigne-toi, amuse-toi, va au bal et partout », l'exhorte-t-elle comme si Adèle avait quinze ans et de petites contrariétés, solubles dans les fêtes et les plaisirs, « ne te laisse pas aller à des pensées tristes. Oh ! Quand tu seras ici, je te les chasserai bien vite [16] ». Plus explicite encore, cette supplique : « Ma bonne petite maman chérie, il y a quelques phrases de ta lettre qui m'ont attristée. Oh ! Sois heureuse, je t'en prie ! Tu es si bonne, si dévouée, si aimante, vois-tu, qu'il faut que tu sois heureuse.

---

15. Cité dans *Léopoldine, l'enfant-muse de Victor Hugo*, p. 199, *op. cit.*

16. *Correspondance de Léopoldine Hugo*, lettre du 25 février 1843, p. 330, *op. cit.*

N'as-tu pas à toi quatre jeunes cœurs pleins d'amour, ne nous as-tu pas tous les quatre pour te faire oublier bien des peines [17] ? » Le décompte est éloquent : Victor Hugo, la cause évidente de tant de chagrin, n'y a pas sa place...

*

Tandis qu'Adèle pleure, Victor souffre. Ces *Burgraves* dont il a conçu le projet dès 1839 et son voyage en pays rhénan lui causent bien du souci. Voici que se relève, colossal et terrible, le spectre d'*Hernani*, de sa cabale conduite par l'ennemi, des torrents d'injures et de sifflets qui couvrent ses vers. Dans tout ceci, Hugo se sent bien seul, réduit à s'épancher par lettre : « Depuis un mois, au milieu de ce tourbillon, entouré de haines qui se raniment, accablé de répétitions, de procès, d'ennuis, d'avocats et de comédiens, fatigué, obsédé, les yeux malades, l'esprit harcelé de toutes parts, je puis dire, mon enfant bien-aimée, que je n'ai pas été un quart d'heure sans penser à toi, sans t'envoyer une foule de bons petits messages. » L'idée du bonheur de sa fille le trouble plus qu'il ne se l'avoue. En témoigne cette curieuse tournure : « Si tu recevais, chère enfant, toutes les lettres que je t'envoie, le facteur t'éveillerait au milieu de tes douces joies à chaque instant du jour et de la nuit. » Ces douces joies de

---

17. *Ibid.*, lettre du 8 mars 1843, p. 344.

la vie nocturne de Léopoldine, le père jaloux ne peut s'empêcher de les imaginer... et espère sans doute les troubler en envoyant un respectable postier les interrompre! Mais ce n'est pas seulement la fille chérie, ni même la confidente, le soutien inébranlable qui lui manquent; c'est aussi la muse : «Je t'aime bien, va, ma pauvre petite Didine. Ta mère me lit tes lettres. Fais-les bien longues. Nous vivons de ta vie là-bas. Moi, c'est à peine si je puis écrire [18]. »

Cette même lettre du 16 mars suscite une réponse enflammée de Léopoldine, au point qu'à lire les deux missives à la suite, on a l'impression d'un duo d'amour, aussi sublime que celui de Rigoletto et Gilda dans l'opéra que composera Verdi – d'après *Le Roi s'amuse* –, moins de dix ans plus tard [19]. «J'ai le cœur gros, mais j'ai aussi le cœur plein; (…) et je pense à toi, ma fille bien-aimée », écrit Victor. Léopoldine, deux jours après : « Viens, mon bon père, viens dans ce beau pays te reposer de toutes ces fatigantes préoccupations; laisse là pour quelques semaines ces bruits de Paris, ce tourbillon dont tu te plains. » Hugo, comme à bout de mots pour dire à sa fille tout son amour, la renvoie à son œuvre : « Quand tu recevras *Les Burgraves*, tu liras, pages 96

18. *Ibid.*, lettre du 16 mars 1843, p. 357.
19. *Rigoletto*, de Giuseppe Verdi sur un livret de Francesco Maria Piave d'après *Le Roi s'amuse*, est créé le 11 mars 1851 à La Fenice, l'opéra de Venise.

et 97, des vers que je ne pouvais plus entendre aux répétitions, dans les jours qui ont suivi ton départ. Je m'en allais pleurer dans un coin comme une bête et comme un père que je suis[20]... » Léopoldine, aussitôt, se met à l'unisson : «J'ai bien envie d'avoir le livre, mon bon père ; je trouverai sans chercher la page les vers dont tu me parles. Ton cœur retentira dans le mien[21]. »

Qu'elle est différente, cette Léopoldine exaltée, de la bourgeoise rangée qui jure à Louise Bertin avoir trouvé le bonheur dans la docilité et la soumission ! Et de la fille inquiète qui assure mille fois à sa mère qu'elle est la plus heureuse des jeunes mariées ! Pour son père et pour lui seul, notre héroïne ose quelque audace stylistique, laisse une tendresse diffuse imprégner la page, révèle une sorte de poésie naturelle qui force l'admiration. « Ton cœur retentira dans le mien », c'est là une phrase qu'Hugo lui-même aurait pu écrire, pour l'une de ses innombrables héroïnes transfigurées par l'amour, ennoblies par la passion. On retrouve, inchangés malgré les années et les épreuves, cette communion des âmes, ce dialogue harmonieux qui unit le père et la fille depuis longtemps. Elle qui sentait si vivement la beauté de son œuvre, quand elle n'était encore qu'une enfant chargée de la reco-

---

20. *Ibid.*, lettre du 16 mars 1843, p. 357.
21. *Ibid.*, lettre du 18 mars 1843, p. 359.

pier de sa jolie écriture déliée, elle saura reconnaître ces vers des *Burgraves* qui font pleurer son père, elle trouvera toute seule le passage où Job, consentant au mariage de sa fille Régina, déclare :

« Mes amoureux, dites-moi seulement que vous
[êtes heureux.
Moi, je vais rester seul.

Régina :   Mon père !
Job :   Il faut me dire
Un dernier mot d'amour dans un dernier
[sourire.
Que deviendrai-je, hélas ! quand vous serez
[partis ?
Quand mon passé, mes maux, toujours appe-
[santis,
Vont retomber sur moi ?

A Régina
Car vois-tu ma colombe,
Je soulève un moment ce poids, puis il retombe !
(…)
Ne pleurez pas ! Laissez-moi mon courage.
Vous êtes heureux, vous ! Quand on s'aime
[à votre âge,
Qu'importe un vieux qui pleure [22] ? »

___

22. *Les Burgraves*, deuxième partie scène 4, p. 117, GF Flammarion, 1985.

133

*

Malheureusement pour lui, Victor est bien le seul à s'émouvoir de la tragédie de Job. Le soir du 7 mars, cette première à laquelle Léopoldine aurait tant voulu assister ne se déroule pourtant pas si mal : les princes d'Orléans honorent l'auteur de leur présence, imposant au public une certaine réserve ; et les ennemis d'Hugo, installés au parterre, ne parviennent pas à gagner la partie. Mais dès la seconde représentation, c'est la catastrophe : les classiques, déchaînés, couvrent le texte de leurs ricanements ; les spectateurs viennent de moins en moins nombreux. Toute la France bruit alors du passage annoncé d'une comète (Léopoldine elle-même en entend parler au Havre et demande à son père des détails) : le génial Daumier saisit l'occasion et signe une de ses fameuses caricatures dans *Le Charivari* du 31 mars. On y voit le dramaturge observant les étoiles, place du Palais-Royal, avec pour légende ce quatrain :

> « *Hugo, lorgnant les voûtes bleues,*
> *Soupire, et demande tout bas*
> *Pourquoi les astres ont des queues*
> *Quand* Les Burgraves *n'en ont pas*[23]. »

---

23. Cité dans la préface des *Burgraves*, p. 35, *op. cit.*

Plus moqué que jamais, Hugo subit alors une salve d'attaques cruelles. Tandis que la salle du Théâtre-Français se vide, celle du théâtre des Variétés ne désemplit pas : on donne une parodie intitulée *Les Buses-graves*. On s'arrache des satires intitulées *Les Bûches graves* ou encore *Les Barbus-graves*, signé de Paul-Aimé Garnier, un ami d'Auguste Vacquerie qui a transposé le drame hugolien dans le petit monde des lettres parisiennes, et transformé le vénérable Job en Hugo lui-même, un Ancien pénétré de sa propre importance.

Pourquoi, dans ces conditions, Hugo n'accepte-t-il pas la proposition de sa fille ? Il y aurait de quoi filer au Havre à bride abattue, courir retrouver cette Léopoldine qui lui manque tant, se faire bercer de ses douces paroles, entourer de sa tendre prévenance. Las, le poète préfère cuver son chagrin à Paris au point que sa fille n'est pas loin de se vexer. « Ne dis jamais, même en plaisantant, ma fille bien-aimée, que je t'oublie », est-il contraint de s'expliquer en avril. « Si je t'écris peu, c'est peut-être pour trop penser à toi. J'ai souvent avec toi, à ton insu, de longs et doux entretiens ; je t'envoie d'ici, la nuit, dans le silence, des bénédictions qui te parviennent, j'en suis bien sûr, et qui te font mieux dormir, et qui te font mieux aimer. Je te l'ai déjà dit, tu reçois de ces lettres-là à chaque instant. Quant aux autres lettres, à celles qu'on écrit sur du papier et que la poste porte, elles sont si froides en comparaison, elles sont si incomplètes, si obscurcies par les ombres de toute sorte que répand la vie ! Vraiment, ma fille bien-aimée, je ne t'écris pas parce que je pense trop à toi. Arrange cela comme tu voudras, mais c'est ainsi. Surtout ne dis pas, ne dis jamais que ton père t'oublie[24]. »

Léopoldine, pour sa part, oublie si peu son père que la grande affaire de son mois d'avril au Havre, c'est de mettre la main sur le buste de lui qu'elle a commandé à un sculpteur estimé, David d'Angers, et qu'elle attend incessamment, par la poste. Le 1ᵉʳ avril – hasard du calendrier –, son excitation se mue en désespoir quand le colis qu'elle reçoit enfin s'avère contenir… du matériel d'église, destiné à un curé. Du fameux buste, point de trace ! Au bout d'une morne journée de bavardages inutiles avec ses parentes endeuillées, la déception lui fait l'effet d'un coup de poignard. La jeune Madame Vacquerie pleure à chaudes larmes… « Lorsque Charles est rentré », raconte-t-elle à sa mère, « il s'est un peu moqué de moi[25]… » Notation pour le moins inhabituelle : on se moque peu, somme toute, de la tendre Léopoldine ! Que Charles ose le faire à propos de ce buste n'a rien d'innocent. Débordant d'amour pour sa jeune

---

24. *Correspondance de Léopoldine Hugo*, lettre du 21 avril 1843, p. 394, *op. cit.*
25. *Ibid.*, lettre du 1ᵉʳ avril 1843, p. 371.

épouse – « un ange », un « trésor [26] », écrit-il à Adèle quelques semaines après leur mariage –, Charles semble éprouver un certain agacement envers son encombrant beau-père. N'a-t-il pas pris le parti de ses parents contre celui de sa femme, quand il s'est agi d'assister à la première des *Burgraves*? Et s'il ose une raillerie à propos du buste, n'est-ce pas, précisément, parce que la passion affichée de la jeune fille pour son grand homme de père l'excède au plus haut point?

Léopoldine a peut-être changé, en se mariant, en goûtant au fruit pas du tout défendu de l'obéissance et de la soumission… Mais il suffit de cette affaire de buste pour ressusciter Didine. Lorsque son père est en jeu, aujourd'hui comme hier, la petite a du caractère. Au diable les plaisanteries, l'ironie facile! « Je veux mon buste à toute force, je vais remuer ciel et terre pour retrouver ma caisse [27] », annonce-t-elle, guère déstabilisée par les remarques de Charles. Quand, fin avril, l'objet du délit arrive enfin, il se révèle trop imposant pour la petite pièce où dort le jeune couple, pièce décorée, du reste, à la manière de la place Royale, pour que la jeune mariée se sente comme chez elle. Il n'y a donc pas de place pour Monsieur Victor Hugo dans la

---

26. *Ibid.*, en post-scriptum de la lettre du 4 mars 1843 de Léopoldine à Adèle Hugo, p. 337.

27. *Ibid.*, lettre à Adèle Hugo du 1er avril 1843, p. 372.

chambre des Vacquerie... le symbole est fort, et on imagine combien Charles s'en réjouit. Mais il en faudrait bien davantage pour décourager Léopoldine. La voici qui commande un deuxième buste, plus petit, cela va sans dire, pour le mettre devant son prie-dieu ! Elle reçoit aussi un portrait de son père, œuvre de Louis Boulanger[28], un proche de Victor, et n'a pas de mots trop forts pour remercier le peintre : « Merci, merci, cher monsieur Boulanger, du chef-d'œuvre que vous m'avez envoyé. Vous m'avez donné une des plus grandes joies qui me restaient à éprouver ; vous m'avez réunie à un absent bien cher et bien aimé ; c'est lui qui est contenu dans ce cadre, lui et tout à fait lui[29]. »

*

Non seulement Victor ne va pas au Havre, mais en plus il empêche sa femme et ses enfants de s'y rendre ! Une première visite d'Adèle – escortée de François-Victor et de la petite Adèle – était prévue début mai. Mais Hugo ne veut pas les laisser partir, il va si mal, il a tant besoin d'eux, et puis Didine est parfaitement heureuse avec son jeune mari, inutile d'aller les déranger trop vite... La jeune femme avait accepté sans mot dire – sans doute parce

---

28. Il existe de nombreux portraits de Léopoldine Hugo par Louis Boulanger.

29. *Correspondance de Léopoldine Hugo*, lettre du 12 mai 1843, p. 412, *op. cit.*

qu'elle se sentait bien coupable – la colère paternelle au moment des fiançailles avec Charles. Mais
là, ce caprice incompréhensible, cette méchanceté, enfin, qui la prive de ceux qui lui manquent
tant… C'est plus qu'elle n'en peut supporter. Aussi
le 27 avril lance-t-elle une double offensive. Elle
épanche d'abord son chagrin auprès de sa mère,
sans lui dissimuler sa colère : « Malgré moi, j'ai un
peu de ressentiment contre papa. Il vous retient bien
cruellement, et il ne pense pas au chagrin qu'il me
cause [30]. » Et puis, avec cet alliage si particulier de
douceur câline et de fermeté qui la caractérise, elle
s'attaque à son « bon père » : « Je t'en conjure, mon
père chéri, laisse venir Maman. Je ne te demande
pas de l'accompagner puisque tu as toujours ajourné
ce bonheur. Je fais taire en moi toutes mes tentations
de supplications et de prières. Je ne veux pas être
importune et fatigante. Seulement je te demande
tout de suite ma mère, mon frère et ma sœur [31] ! »

L'exigence impérieuse du ton masque mal l'angoisse qui taraude Léopoldine. Car la jeune fille
ne s'est pas résolue sans mal à abandonner ce nom
de Hugo que, depuis toujours, elle porte comme
une couronne. Et la peur d'avoir, depuis cet instant
fatal, perdu du même coup sa famille la ronge :

---

30. *Ibid.*, lettre à Adèle Hugo du 27 avril 1843, p. 399.
31. *Ibid.*, lettre du 27 avril 1843, p. 402.

« Que je ne me dise pas que je ne suis plus pour vous une enfant aussi chérie que ses frères, que je suis secondaire dans votre cœur et dans vos préoccupations [32] », implore-t-elle. Il y a quelque chose de touchant dans cette supplique d'une jeune mariée qui est encore une enfant et qui supporte à grand-peine la brutale séparation d'avec les siens qu'elle a pourtant voulue, provoquée. Et si toute cette histoire – le coup de foudre pour Charles Vacquerie, la romance secrète, le mariage enfin, et ce départ éclatant pour la Normandie qui affirmait son indépendance – n'était au fond qu'une simple crise d'adolescence, une tentative d'affirmation de soi par une demoiselle au caractère certes bien trempé, mais surtout infiniment tendre, assoiffée d'affection et de mots d'amour ? Le 20 février, sur la route du Havre, elle griffonnait cette question inquiète : « J'emporte votre amour à tous et votre bénédiction, n'est-ce pas ? » Et déjà, taraudée par la peur de perdre les siens, elle leur arrachait le serment de venir la voir le plus souvent, le plus longtemps possible : « Promettez-moi que vous viendrez près de moi tous les étés. Oh ! Promettez-le-moi. C'est mon espoir et mon bonheur que cette pensée-là [33]. »

---

32. *Ibid.*, p. 403.
33. *Ibid.*, lettre du 20 février 1843, p. 322.

Chapitre neuf

Léopoldine engloutie

En fait d'étés en famille, Léopoldine n'aura droit qu'à une seule journée avec son père. Le 9 juillet 1843, Victor arrive au Havre depuis Rouen, par le fleuve. Elle est là, qui l'attend, au débarcadère. Pour la première fois, depuis les adieux déchirants du 15 février, il éprouve le bonheur indicible de voir ses yeux le regarder. Avec tout l'abandon de l'enfance, la jeune fille lui saute dans les bras, le picore de baisers. Ce sont mille câlineries exquises, des caresses de fillette, des tendresses de femme. Dans l'euphorie des retrouvailles, Hugo donne une franche accolade à son gendre : les fâcheries d'hier sont oubliées, Vacquerie rend sa fille heureuse, n'est-ce pas tout ce qui compte ? Quelques semaines plus tard, il lui écrira, grand prince : « Vous êtes de mes enfants, mon bon

Charles[1]. » Tout ceci fait une journée délicieuse, un vrai tableau impressionniste, avec déjeuner en plein air sous le beau ciel d'été, et excursion à Sainte-Adresse. Il est beaucoup question du départ imminent de Victor pour l'Espagne ; pour la première fois, à quarante ans passés, il va refaire le trajet qui lui fit traverser, enfant, l'Europe déchirée par les guerres napoléoniennes, pour rejoindre son père, le général. Léopoldine est fascinée, assoiffée d'anecdotes sur ce grand-père qu'elle a peu connu et sur l'époque où Hugo, gamin de neuf ans et pensionnaire à Madrid, parlait mieux espagnol que français malgré son surnom, *el niño, el chiquito frances.*

Père et fille partagent, cet après-midi-là, leur tout dernier moment d'intimité : une promenade au bord de l'eau, bras dessus bras dessous. Sous le soleil étincelant, la jupe claire de Léopoldine, son rire en cascade, et derrière elle, la mer immense, le bleu des vagues, le cri des mouettes. Une félicité pure qui restera à jamais gravée dans la mémoire, mieux, dans le cœur, de Victor Hugo. Dès le matin du 10 pourtant, il s'en va. Juliette l'attend à Paris avec armes et bagages pour leur départ vers le Sud – et puis, dormir une nuit de plus sous le toit de sa fille et de son jeune mari, vraiment, cela ne lui dit rien. Léopoldine lui arrache le serment qu'il reviendra bientôt, oui, au sortir de l'été peut-être. Bien vite, Hugo s'en va reprendre le bateau pour remonter

---

1. *Correspondance de Léopoldine Hugo*, lettre du 31 juillet 1843, p. 425, *op. cit.*

la Seine. Une pluie de baisers, quelques saluts loin-
tains dans la lumière du matin; et puis, c'est fini,
la fête est terminée, le père chéri est parti. En
s'éloignant à pas lents, Léopoldine serre la main de
Charles un peu plus fort que d'habitude. Cette fois,
le jeune homme ne se moque pas, il sent bien qu'elle
a le cœur gros, mais aussi le cœur plein.

De cette journée passée trop vite, comme une
promesse inachevée de bonheur, Victor conçoit
aussitôt une intense nostalgie. « Si tu savais, ma
fille », lui confie-t-il dans un moment de fragilité,
« comme je suis enfant quand je songe à toi, mes
yeux sont pleins de larmes, je voudrais ne jamais te
quitter[2]. » Sur la Côte atlantique où il arrive bientôt
avec Juliette, le souvenir des instants partagés avec
Léopoldine l'étreint, et l'empêche tout à fait de
savourer le présent : « Je vois ici la mer comme au
Havre, mais je la vois sans toi, ma fille bien-aimée.
Je me promène sur des grèves, j'admire de magnifiques rochers, mais je me promène sans toi, j'admire
sans toi. Je ne sens pas ton bras doucement posé sur
le mien. La nature est toujours bien belle, mon
enfant, mais elle est vide quand ceux qu'on aime
sont absents[3]. » Difficile de ne pas avoir l'impression, à la lecture de ces innombrables lettres – il ne
lui a jamais tant écrit! –, qu'une sombre intuition
habite le poète.

---

2. *Ibid.*, lettre du 18 juillet 1843, p. 421.
3. *Ibid.*, lettre du 26 juillet 1843, p. 422.

Un mois tout juste après leur dernière rencontre, il reprend la plume : « Vois-tu, ma fille chérie, une lettre qui partirait sans un mot pour toi ne serait pas une vraie image de mon cœur. Je pense à toi sans cesse ; il faut bien que je t'écrive toujours »... Il imagine aussi leurs prochaines « causeries après dîner », « quand je serai au Havre et quand tu seras à Paris » – « tu sais ? Ces bonnes causeries qui étaient un des charmes de ma vie. Nous en ferons encore. Car je veux bien que tu sois heureuse sans moi, mais, moi, je ne puis être heureux sans toi[4] ». Magnifique aveu, où l'on mesure le chemin qu'a parcouru Hugo depuis l'instant fatal – un an auparavant – où il a appris que Léopoldine en aimait un autre... Le voici d'une vraie générosité, sorti, enfin, de cet « immense réveil de l'égoïsme[5] » qui l'avait saisi alors. Comme Jean Valjean sur son lit de mort, juste avant qu'il ne soit trop tard, il rend enfin sa fille à elle-même : « Les forêts où l'on a passé avec son enfant, les arbres où l'on s'est promené, les couvents où l'on s'est caché, les jeux, les bons rires de l'enfance, c'est de l'ombre. Je m'étais imaginé que tout cela m'appartenait. Voilà où était ma bêtise[6]. »

*

4. *Ibid.*, lettre du 9 août 1843, p. 429.
5. *Les Misérables*, tome II, p. 524, *op. cit.*
6. *Ibid.*, p. 885.

Hugo et Juliette font donc route vers l'Espagne. A Bordeaux, ils visitent la basilique Saint-Michel, où sont exposés dans un caveau les morts de la Terreur, momifiés par l'argile. Victor scrute « cette morne et magnifique masure », tel un médecin légiste ou un enquêteur sur le site d'un désastre : « je cherchais à lire son histoire dans son architecture et ses malheurs dans ses plaies. Vous savez qu'un édifice m'intéresse presque comme un homme. C'est pour moi en quelque sorte une personne dont je tâche de savoir les aventures[7] ». Même curiosité, même avidité de savoir à Irùn, à Hernani, à Pampelune. En outre, dès qu'il a posé le pied sur le sol espagnol, Victor est assailli par les souvenirs : « Je suis à Pampelune et je ne saurais dire ce que j'y éprouve. Je n'avais jamais vu cette ville, et il me semble que j'en reconnais chaque rue, chaque maison, chaque porte. Toute l'Espagne que j'ai vue dans mon enfance m'apparaît ici. (…) trente ans s'effacent dans ma vie ; je redeviens l'enfant, le petit Français (…). Tout un monde qui sommeillait en moi s'éveille, revit et fourmille dans ma mémoire. Je le croyais presque effacé ; le voilà plus resplendissant que jamais[8]. »

Sur le conseil des gens du pays, Victor et Juliette décident une excursion au lac de Gaube, qu'on leur

---

7. *Carnets et récits de voyage*, lettre du 27 juillet 1843, p. 73, *op. cit.*
8. *Ibid.*, carnet du 11 août 1843, p. 78.

dit majestueux et tranquille. Tandis qu'ils cheminent sous le soleil écrasant, le guide fait la conversation, espérant les distraire. Il se lance bientôt dans une histoire déjà vieille de onze ans, mais qui fait encore les délices des bavards, le drame d'un couple d'Anglais venus au lac en voyage de noces, en septembre 1832. Par une journée splendide, les jeunes gens louent une barque, pour mieux se gorger de la beauté du site. Et puis soudain, on ne sait trop comment, le drame. L'embarcation bascule, les deux Anglais se débattent un moment, puis disparaissent dans les eaux claires. Juliette, émue, raconte l'affaire en détail dans son journal : « La famille a fait élever une espèce de monument à la mémoire de ces deux malheureux sans faire mention de la façon dont l'accident est arrivé. On paie dix sous par personne pour entrer dans le monument de ces deux Anglais[9]. » Hugo cueille au pied de la stèle une petite cinéraire qu'il fait sécher puis envoie comme une douce pensée à son fils Victor, en vacances au Havre avec sa mère et la petite Adèle. Quelques jours plus tard, il est à nouveau question des défunts du lac de Gaube... Juliette aurait-elle posé des questions, curieuse de cette navrante histoire, qui a, ma foi, une aura bien romantique ? Le 31 août, on lui raconte qu'une barque défectueuse aurait causé l'accident. De plus, le jeune Anglais « avait mis une

---

9. *Souvenirs 1843-1854*, p. 23, *op. cit.*

très grosse pierre dans le fond du bateau pour empêcher sa femme de se mouiller les pieds[10] ». Une noyade fatale, un couple de jeunes mariés, une barque lestée de cailloux… c'est exactement le sort qui attend Léopoldine et Charles, cinq jours après que Juliette a écrit ces lignes.

Cette coïncidence est la plus frappante, mais loin d'être isolée. Toutes ces semaines d'été paraissent saturées de signes; le climat est lourd d'une tragédie toute proche. Le 26 août à Pampelune, les voyageurs aperçoivent « le cercueil d'un enfant drapé de noir avec les quatre poignées aux quatre coins également drapés, posés à terre sur les dalles de l'église[11] ». Le 3 septembre – ils sont déjà près de Tarbes –, Hugo s'installe dans le cimetière pour dessiner; Juliette observe autour d'elle : « Il n'y a pas une seule croix sur toutes ces tombes, pas une pierre, rien qui puisse désigner leur place à l'œil si ce n'est le renflement que fait le cercueil sous la terre. Le cimetière vient d'être fraîchement fauché[12]. » Oui, la mort est partout, et on l'entend qui vient, la voilà, elle arrive.

*

---

10. *Ibid.*, p. 34.
11. *Récits et carnets de voyage*, p. 103, *op. cit.*
12. *Souvenirs 1843-1854*, pp. 42-43, *op. cit.*

Je ne puis demeurer loin de toi plus longtemps...

Le 4 septembre 1843, au petit jour, le jeune couple Vacquerie se réveille dans la vaste chambre à coucher de Villequier. Charles doit accompagner son oncle Pierre chez le notaire de Caudebec... et si Léopoldine se joignait à eux ? La jeune fille hésite ; les deux Adèle sont au Havre, avec le petit Victor. Elle pourrait aller les rejoindre. Et puis pendant le petit-déjeuner familial, sa belle-mère lui déconseille l'excursion, peut-être dangereuse, pas vraiment un divertissement qui convienne à une jeune femme. Soudain, l'attrait d'une journée de canotage avec son jeune mari sur la Seine ensoleillée devient ir-résistible... En voyant Charles, Pierre et son fils embarquer, Léopoldine n'y tient plus, elle court les rejoindre. Elle a changé d'avis, et qu'importe le regard noir que lui lance Madame Vacquerie – a-t-on idée d'être si impulsive ? De loin, on aperçoit la petite embarcation qui s'éloigne, la chevelure lus-trée de Léopoldine, sa silhouette gracieuse, la taille bien prise dans sa jupe mauve quadrillée de blanc.

Qui sait ce qui s'est vraiment passé durant les derniers instants ? La barque coule à pic, affolement général, nuages noirs amoncelés à l'horizon. Per-sonne ne sait bien nager, et puis le courant est trop fort ; Léopoldine, accrochée à l'épave, sombre la première. Charles se débat, il veut aider, les sauver tous. Il s'élance vers sa femme, tend une main à son neveu, encourage son oncle de la voix. Rien n'y fait, autour de lui les corps tant aimés s'effacent doucement, se dissolvent dans le fleuve. Une grande lassitude l'envahit, il ne voit plus personne alentour, plus rien que sur la rive les grands arbres ployant sous le vent. Alors Charles se laisse aller et, sereines, imperturbables, les eaux l'engloutissent à son tour.

Il ne faut pas longtemps pour que l'on s'inquiète, à Villequier. Ce bras de Seine est connu pour son courant traître qui a raison des bateaux les plus stables. Adèle attend, pétrifiée d'angoisse, serrée entre Victor et la petite Adèle qui sanglotent. Quand, enfin, on lui confirme la tragédie – Léopoldine engloutie par les eaux ; disparus Charles, Pierre et son fils –, elle saisit les enfants, réunit ses affaires, monte dans la diligence, s'enfuit sans se retourner. Les yeux rougis, vacillantes, incrédules, Madame Vacquerie et sa fille Marie-Arsène accompagnent seules le cercueil unique de Charles et Léopoldine, mis en terre le 6 septembre, dans le cimetière de Villequier. On peut toujours se rendre sur leur tombe ; ils reposent là, serrés l'un contre l'autre, sous la pierre moussue, couverte d'herbes folles.

*

Parce qu'il croit en Dieu et aux signes, parce qu'une inextinguible soif de sens l'habite, Victor Hugo relit toute sa vie à l'aune de cette perte insoutenable. Sous le choc, le lendemain de la halte du

café de l'Europe, il écrit fiévreusement, à Adèle bien
sûr, et puis à Louise Bertin, qui connaissait sa fille,
et depuis si longtemps : « C'était la plus douce et
la plus gracieuse femme. Ô mon Dieu, que vous
ai-je fait! Elle était trop heureuse, elle avait tout,
la beauté, l'esprit, la jeunesse, l'amour. Ce bonheur complet me faisait trembler. J'acceptais l'éloi-
gnement où j'étais d'elle afin qu'il lui manquât
quelque chose. Il faut toujours un nuage. Celui-là
n'a pas suffi[13]. » Que ce sombre pressentiment se
soit réellement fait entendre avant le drame – par
exemple pendant ces journées d'août où Hugo semblait rencontrer la mort partout sur son passage –
ou qu'il soit une simple reconstruction a posteriori
n'importe guère.

Car à présent qu'il les cherche, Hugo trouve partout, dans son passé et dans son œuvre, les traces
de la tragédie à venir. Par exemple, la lettre de
Montreuil-sur-Mer, écrite un 3 septembre, six ans
auparavant, quand il traçait le nom de Didine sur
le sable et promettait : « La vague de la haute mer
l'effacera cette nuit[14] ». Ou encore ce frisson qui
l'avait saisi, un jour qu'il observait son cher Océan,
en songeant à sa fille de onze ans, si petite, si vulné-
rable : «Je suis au bord de la mer, c'est bien beau,

---

13. Cité dans *Victor Hugo (avant l'exil)*, *op. cit.*, p. 909.
14. *Correspondance de Léopoldine Hugo*, lettre du 3 septembre 1837, p. 150,
op. cit.

mais si tu étais dessus avec ta mère et les autres petits, cela me paraîtrait bien laid[15]. » Et puis la sanctification prématurée, ce surnom d'« ange » qu'il lui donnait depuis toujours, les prières qu'il lui confiait pour qu'elle les transmette de sa part au bon Dieu... Dans les pièces et les recueils, aussi : la douce Blanche du *Roi s'amuse,* dont le cadavre finit dans la Seine ; le poème *A la mère de l'enfant mort* composé au mois d'avril, et cet autre en août, *Le Revenant,* où un nouveau-né défunt hante le corps de son petit frère ; l'« Adieu ! » lancé au détour d'un quatrain, le soir du mariage, qui résonne encore à ses oreilles ; enfin ce poème des *Voix intérieures,* écrit pour une Léopoldine adolescente, en 1837 :

> « *Jeune fille, l'amour, c'est d'abord un miroir*
> *Où la femme coquette et belle aime à se voir,*
> *Et, gaie ou rêveuse, se penche ;*
> *Puis, comme la vertu, quand il a votre cœur,*
> *Il en chasse le mal et le vice moqueur,*
> *Et vous fait l'âme pure et blanche ;*
>
> *Puis on descend un peu, le pied vous glisse... – Alors*
> *C'est un abîme ! En vain la main s'attache aux bords,*
> *On s'en va dans l'eau qui tournoie ! –*
> *L'amour est chamant, pur, et mortel. N'y crois pas !*

---

15. *Ibid.,* lettre du 6 août 1835, p. 100.

Je ne puis demeurer loin de toi plus longtemps...

Tel l'enfant, par un fleuve attiré pas à pas,
S'y mire, s'y lave et s'y noie [16]. »

*

Oui, la mort était partout, elle cernait déjà Léopoldine quand elle n'était encore qu'une enfant aux boucles brunes et au babil exquis, avec « de la rosée dans ses yeux [17] ». Pourtant, Hugo ne peut pas s'y résoudre, il reste médusé, sidéré par ce qui lui arrive, les yeux pour toujours rivés sur le funeste article du *Siècle*, figé comme une statue de sel en cette seconde maudite du 9 septembre 1843 où il apprit la mort de sa fille :

« Je regarde toujours ce moment de ma vie
Où je l'ai vue ouvrir son aile et s'envoler !
Je verrai cet instant jusqu'à ce que je meure,
L'instant, pleurs superflus !

Où je criai : l'enfant que j'avais tout à l'heure,
Quoi donc ! Je ne l'ai plus [18] ! »

*

Quand Victor – au terme de sa course folle de Rochefort à Paris – retrouve enfin Adèle, ce sont

16. In *Les Voix intérieures*, cité dans *Victor Hugo (avant l'exil)*, p. 913, *op. cit.*
17. *Les Misérables*, tome II, p 346, *op. cit.*
18. *Les Contemplations*, livre quatrième : *Aujourd'hui/Pauca meae*, poème XV : *A Villequier*, pp. 296-301, *op. cit.*

des moments indicibles de douleur partagée, de communion muette. Le plus cher désir de la petite Léopoldine – voir ses parents unis – est enfin comblé. Hugo le formule clairement, dans le seul poème des *Contemplations* qu'il consacre à sa femme :

> *« Mère, nous n'avons pas plié, quoique roseaux,*
> *Ni perdu la bonté vis-à-vis l'un de l'autre,*
> *Ni demandé la fin de mon deuil et du vôtre*
> *A cette lâcheté qu'on appelle l'oubli*[19]. *»*

Ensemble donc, et emplis de bonté réciproque – car chacun sait dans sa chair ce que l'autre ressent –, Victor et Adèle caressent le morceau d'étoffe que leur a envoyé Madame Vacquerie, un bout de la jupe violette que portait Léopoldine le jour du drame. Sur l'étiquette, Adèle note tristement : « Costume avec lequel ma fille est morte, relique sacrée. » Le sachet à gants blancs qui la contient les accompagnera désormais partout, même dans l'aventure de l'exil, de Bruxelles à Guernesey. Comme cette valise pleine des effets de Cosette enfant qui ne quitte pas Jean Valjean et qu'on surnomme *L'Inséparable*.

---

19. *Ibid.*, livre cinquième : *En marche*, poème XII : *Dolorosae*, pp. 347-348.

CHAPITRE DIX

Septembre en larmes

Dans *Les Contemplations*, au début de *Pauca meae*
– la partie du recueil consacrée à Léopoldine –, le
titre « 4 septembre 1843 » annonce un poème. Mais
à part quelques points de suspension, la page est
restée blanche. Dans l'année qui suit la mort de sa
fille, il se passe quelque chose d'absolument nouveau dans la vie de Victor Hugo, le graphomane
dont la main folle, inarrêtable, court sur le papier
sans discontinuer depuis ses quinze ans, ses premières *Odes* et l'ambitieux *Burg-Jargal*. Voilà qu'il
n'écrit plus. Les semaines qui suivent la mort de
Léopoldine trouvent le père endeuillé éteint, sans
forces. Il a tout juste passé quarante ans, et déjà on
dirait un vieil homme, gris et las, fatigué de la vie et
de ses cruautés incessantes. Autant que possible, il
fuit la société avide de sa compagnie, le regard fauss-
ement apitoyé de ce petit monde parisien qui se

155

régale de son malheur – « Et j'ai bien vu souvent qu'on riait de ma peine [1] ». En décembre, son nouveau titre de directeur de l'Académie française le contraint à faire sa rentrée dans la vie publique. Mais l'année 1844 reste presque vide, une page blanche, elle aussi, dans cette longue chanson de gestes qu'est la longue, la foisonnante existence de Victor Hugo.

C'est un leurre, car il travaille toujours, dans le secret de sa chambre de la place Royale, celle-là même où l'enfant Léopoldine avait pris le pli de venir un peu chaque matin. Comment en serait-il autrement ? Connaît-il d'autre existence que celle-là, enfoncé dans l'écriture comme dans une bonne terre humide et fertile, « jusqu'aux genoux, jusqu'au cou, jusqu'aux yeux, jusque par-dessus la tête [2] » ? Il l'avouait encore à sa fille, quelques jours avant sa mort : « Il est vrai que je travaille beaucoup. Je pourrais dire, sans cesse. Mais c'est ma vie. Travailler, c'est m'occuper de vous tous [3]. » Hugo écrit, donc. Mais – nuance essentielle – il ne publie pas. Il compose, mais il ne montre pas. Il faudra attendre le milieu des années 1860 pour qu'il se remette du traumatisme des *Burgraves* et conçoive

---

1. *Les Contemplations*, livre quatrième : *Aujourd'hui/Pauca meae*, poème XIII : *Veni, vidi, vixi*, pp. 293-294, *op. cit.*

2. *Correspondance de Léopoldine Hugo*, lettre de Victor à Léopoldine Hugo du 23 septembre 1842, p. 313, *op. cit.*

3. *Ibid.*, lettre du 25 août 1843, pp. 433-434.

pour la scène les petites pièces du *Théâtre en liberté* et le grandiose *Torquemada*. Pas de théâtre, donc, mais des poèmes, qu'il garde tous dans ses tiroirs. Et en 1845, il s'attelle à la rédaction d'un grand, d'un vaste roman, parcouru de la flamme de son indignation sociale, zébré des éclairs de ses grandes douleurs, une œuvre intitulée, provisoirement, *Les Misères*.

Donner ses vers à lire – ces vers détrempés de larmes, qui parlent de la fille chérie et de l'attrait puissant qu'exerce sur lui la tombe où elle repose –, ce serait se dévoiler à l'excès, courir le risque d'être blessé de nouveau, et cela, il ne saurait le supporter. Exsangue, à terre, rampant vers la tombe, Hugo n'écrit plus que pour lui-même. D'où la sublime intimité qui imprègne ces poèmes – finalement publiés, en 1856 seulement, dans *Les Contemplations*. Les mille souvenirs charmants de l'enfant tant aimée, la nuée de détails de la vie quotidienne, les notations familières du père attendri. Lorsqu'il n'est pas occupé à se la rappeler quand elle était petite, à tenter de ranimer, par l'écriture, la fillette « pâle et pourtant rose/petite avec de grands cheveux [4] », il songe à la rejoindre dans la mort. Les textes sont parcourus d'une pulsion suicidaire, d'une aspiration au repos éternel, hantés par le mausolée qui se profile

---

4. *Les Contemplations*, livre quatrième : *Aujourd'hui/Pauca meae*, poème VII : *Elle était pâle…*, p. 284, *op. cit.*

au loin, la porte entrouverte l'invitant à entrer. En 1846, Victor semble tout prêt à s'y engouffrer :

> « *Il est temps que je me repose ;*
> *Je suis terrassé par le sort.*
> *Ne me parlez pas d'autre chose*
> *Que des ténèbres où l'on dort*[5] *!* »

De même, deux ans plus tard, cette imploration solennelle :

> « *Ô Seigneur ! Ouvrez-moi les portes de la nuit*
> *Afin que je m'en aille et que je disparaisse*[6] *!* »

Et encore en 1847, un 4 septembre, à Villequier :

> « *Je viens à vous, Seigneur, père auquel il faut croire ;*
> *Je vous porte, apaisé,*
> *Les morceaux de ce cœur tout plein de votre gloire,*
> *Que vous avez brisé*[7]. »

*

La maison Hugo vivait jadis au rythme des répétitions de Victor, de ses premières et des parutions de ses recueils. Après 1843, plus rien de tout cela. Le centre de gravité de l'existence fami-

---

5. *Les Contemplations*, livre quatrième : *Aujourd'hui/Pauca meae*, poème III : *Trois ans après*, p. 275, *op. cit.*
6. *Ibid.*, poème XIII : *Veni, vidi, vixi*, p. 294, *op. cit.*
7. *Ibid.*, poème XV : *A Villequier*, pp. 296-301, *op. cit.*

liale devient « septembre en larmes », et le pèlerinage rituel au cimetière de Villequier. Pendant
l'exil – d'autant plus cruel qu'il éloigne Victor de
« celle qui est restée en France » –, il le racontera
magnifiquement :

> *« Autrefois, quand septembre en larmes revenait,*
> *Je partais, je quittais tout ce qui me connaît,*
> *Je m'évadais ; Paris s'effaçait ; rien, personne,*
> *J'allais, je n'étais plus qu'une ombre qui frissonne,*
> *Je fuyais seul sans voir, sans penser, sans parler,*
> *Sachant bien que j'irais où je devais aller* [8] *».*

On songe à la deuxième strophe du poème le
plus célèbre qu'il consacre à une visite sur la tombe
de sa fille, *Demain dès l'aube* :

> *« Je marcherai, les yeux fixés sur mes pensées,*
> *Sans rien voir au-dehors, sans entendre aucun bruit*
> *Seul, inconnu, le dos courbé, les mains croisées,*
> *Et le jour pour moi sera comme la nuit* [9]. *»*

Ainsi va Hugo vers sa fille morte, fermé au
monde, oublieux de tout, s'abîmant dans les ténèbres de la souffrance. La réalité poétique le montre
seul, absolument, irrémédiablement, dans l'élan qui

---

8. *Ibid.*, *A celle qui est restée en France*, pp. 515-526.
9. *Ibid.*, poème XIV : *Demain, dès l'aube*, p. 295.

le porte jusqu'à Léopoldine. Mais dans les faits, quand, en 1844, l'automne pointe à l'horizon et, avec lui, le premier anniversaire du terrible accident, c'est Adèle qui exige de se rendre à Villequier, Adèle encore qui emmène les frères et sœur Hugo se recueillir sur sa tombe. Le père, paralysé comme jadis lorsqu'il s'agissait de rendre visite au jeune couple Vacquerie, reste seul à Paris, immobile et muet.

*

Plus tard bien sûr, Hugo accepte de se joindre aux siens lors du pèlerinage annuel. Il endure la promenade dans le riant jardin où sa fille connut ses derniers instants, la prière devant une stèle portant son nom, le séjour dans cette maison où son rire cristallin résonne encore et où dans sa chambre, inchangée, se trouve, toujours suspendu, un portrait de lui. Après cette année de latence, ce grand blanc de 1844, le revoici à l'œuvre, animé, batailleur, retrouvant tout à coup l'apparence juvénile et le regard de braise qui séduisent les femmes et offusquent les jaloux. Quelle est la source de ce regain d'énergie? Une vocation nouvelle : la politique, bien sûr! Il y a longtemps que Hugo s'indigne des injustices sociales qu'il rencontre partout, sur les routes de France qu'il parcourt l'été avec Juliette et tous les jours dans les rues de Paris. Les bagnards traités comme du bétail, les filles de joie humiliées par la police, les enfants à l'usine et à la peine, les prisonniers qui croupissent dans des geôles médiévales et puis la peine de mort, déjà objet de l'un de ses grands textes, *Le Dernier Jour d'un condamné*… Sa révolte éclatera par l'écriture, dans ces *Misères* devenues *Les Misérables*. Mais pour le moment, la littérature passe en apparence au second plan ; l'écriture, dissimulée aux regards, appartient à l'intime le plus strict. Hugo aspire à transformer le monde, à prouver aux autres et à lui-même que la punition infligée par Dieu – la mort de Léopoldine – est trop cruelle, qu'il peut expier lui-même ses péchés. Pour être élu, il lui faudrait une grande fortune ou un titre de propriétaire… La seule porte du pouvoir, pour le poète aisé mais pas riche, c'est donc la littérature. D'où sa campagne pour l'Académie française. Élu, il est enfin distingué par le roi. Louis-Philippe – dont il fréquente désormais le palais – le fait alors vicomte, et en 1845, Hugo accède à la Chambre des pairs. Jadis fauteur de troubles, chef de file de ces romantiques tentés par la République, le nouvel Hugo fait figure d'homme arrivé. Les témoignages de l'époque raillent sa mise apprêtée, ses cheveux frisés et ses chemises roses, son air florissant d'homme bien nourri. Spirituel, *Le Courrier des théâtres* titre : « M. Victor Hugo est nommé pair de France : *le roi s'amuse* ! »

C'est la révolution de 1848 qui révèle l'homme politique Hugo à lui-même. Du jour au lendemain, il n'est plus rien : le 24 février, la Chambre des pairs est supprimée, et avec elle, tout ce régime de la Restauration dans lequel il s'était patiemment employé à s'élever. Élu représentant du gouvernement provisoire, il sillonne les rues de Paris, harangue les insurgés, cherche l'apaisement. Est-ce alors qu'il découvre son talent oratoire, cette capacité – malgré une voix fragile qui lui fait souvent défaut – de tenir un auditoire, et de ne plus le lâcher ? La place Royale est prise d'assaut et son appartement visité par une foule de révolutionnaires pétrifiés d'admiration. Pendant ce temps, arpentant la ville, Victor affronte le danger avec l'insolence de qui n'a plus rien à perdre. Ainsi le décrit Cahagne de Cey, écrivain de son état, au président de l'Assemblée nationale, après l'avoir vu s'élancer sans hésiter à l'assaut des barricades du Marais : « vers deux heures après midi, un homme vêtu d'un paletot gris et sans aucune espèce d'insignes, s'écria au milieu de nous : – Il faut en finir mes enfants ! Cette guerre de tirailleurs est meurtrière. On perd moins de monde en marchant bravement vers le danger. En avant ! Cet homme, M. le Président, était M. Victor Hugo, représentant de Paris. Il n'avait pas d'armes et cependant il s'élança à notre tête, et, tandis que nous cherchions l'abri des maisons, il occupait, seul, le milieu de la chaussée. Deux fois, je le tirai par le bras, en lui disant : – Vous allez vous faire tuer ! – Je suis ici pour cela, répondit-il, et il continuait de crier : – En avant ! En avant ! Conduits par un tel homme, nous arrivâmes sur les barricades qui furent successivement enlevées [10] ».

Ici pour être tué, affirme crânement Hugo, et qui sait s'il ne l'espère pas un peu, au fond, lui qui le soir noircit des pages implorant le Seigneur de le rappeler à Lui ? En attendant et puisqu'il ne meurt pas, il faut bien agir. Voici Victor en avocat des plus faibles, implorant le terrible général Cavaignac d'épargner le faubourg Saint-Antoine, de commuer les 25 000 arrestations en peines légères, d'annuler les déportations, les exécutions. Rien n'y fait, Cavaignac s'entête, et Hugo glisse de plus en plus vers la gauche. Désormais député à l'Assemblée nationale, il se spécialise dans les grands discours enflammés, portés par sa plume inspirée et sa prestance altière. Ses fils, aidés par le fidèle Auguste Vacquerie, lancent *L'Evénement*, un journal qui devient son porte-voix. On n'arrête plus l'orateur enfiévré, il plaide contre la peine de mort, contre la misère, et encore pour la gratuité de l'enseignement et pour la création des Etats-Unis d'Europe. Ses interventions attirent les foules : au fond de la galerie, les femmes se pressent pour l'apercevoir ; parmi elles, silhouette

---

10. Lettre du 27 juin 1848.

discrète, adoratrice, on distingue plus d'une fois Juliette Drouet.

Lui qui fuyait la société comme la peste, le voici exposé, en première ligne, en butte à toutes les attaques, à toutes les caricatures. « Être né aristocrate et royaliste et devenir démocrate [11] », voilà le scandale que la bonne société ne lui pardonne pas. On le détestait jadis pour ses audaces stylistiques, cette folie du verbe qui faisait fi des règles du bon goût et des conventions classiques. On le hait désormais pour cette fronde qu'il mène allègrement, les hypocrisies qu'il dénonce, les lâchetés qu'il veut abolir, la révolution tranquille qu'il veut inspirer. Cette fois, au lieu de se plaindre, de pleurer, de se lamenter de la malédiction qui partout l'accompagne, Hugo reste calme, il goûte les quolibets, il ignore les affronts. « En avant ! En avant ! », semble-t-il clamer à ceux qui le soutiennent, et il monte à l'assaut sans jamais craindre le feu.

*

Qu'il y ait une dimension rédemptrice dans la carrière politique de Victor Hugo, que le combat pour la justice sociale lui permette de surmonter la douleur de la mort de Léopoldine, voilà qui paraît évident. L'appel des malheureux a soudain touché ses oreilles ; éprouvé par une tragédie sans nom, il

---

11. Préface des *Odes et ballades*, 1853.

s'est découvert à même de comprendre la souffrance d'autrui. A l'affaissement de tout son être a
succédé une indignation salvatrice, il s'est jeté dans
la bataille. Ce n'est pas par hasard – bien sûr – s'il
s'est mis au service des plus faibles ; la mythologie
personnelle du grand homme veut qu'un appel du
Très-Haut se soit fait entendre :

> *« Vous qui me parlez, vous me dites,*
> *Qu'il faut, rappelant ma raison,*
> *Guider les foules décrépites*
> *Vers les lueurs de l'horizon ;*
>
> *Qu'à l'heure où les peuples se lèvent,*
> *Tout penseur suit un but profond ;*
> *Qu'il se doit à tous ceux qui rêvent,*
> *Qu'il se doit à tous ceux qui vont.*
>
> *Qu'une âme, qu'un feu pur anime,*
> *Doit hâter avec sa clarté,*
> *L'épanouissement sublime*
> *De la future humanité*[12] *».*

*

La gaieté n'est pas revenue pour autant, place
Royale. En 1847, à nouveau, le spectre de la mort
plane : les deux fils ont contracté la typhoïde. Le

---

12. *Les Contemplations,* livre quatrième : *Aujourd'hui/Pauca meae,* poème III :
Trois ans après, pp. 275-279, *op. cit.*

28 avril, le père terrifié note dans son journal : « cette nuit, j'ai prié le Bon Dieu, et Didine ». Heureusement, les garçons guérissent. Traumatisés par les scènes de juin 1848, leurs chambres foulées aux pieds par les insurgés pacifiques mais en armes, les enfants Hugo ont réclamé un déménagement. On ne quitte pas sans larmes ces murs qui ont vu grandir Didine, le balcon d'où l'on regardait les étoiles en famille, le salon où l'on se réunissait au coin du feu.

Les réceptions vont bon train dans le nouvel appartement de la rue de La Tour d'Auvergne, tous les dimanches soirs. Hector Berlioz, visiteur occasionnel, en livre une vision des plus lugubres : « Le salon d'Hugo est fort peu divertissant malgré la charmante bonté de Mme Hugo et la grâce extrême de sa fille. Les fils sont deux jeunes gens fort suffisants et fort préoccupés de l'illustration de leur père, sinon de leur propre mérite. Quant à lui, il est, comme il a toujours été avec moi, très cordial, quoique grave [13]. » Pour qui a connu la maisonnée chaleureuse et festive des années 1830, les parties de fou rire avec les enfants, un Liszt soudain espiègle qui improvisait au piano des quatre mains ravissants, ce tableau ne dit qu'une chose : la tristesse règne désormais chez les Hugo. Victor lui-même dont la bonne humeur était louée de tous est jugé grave. Ses nuits sont pénibles, agitées, peuplées de cauchemars qu'il ne raconte pas.

---

13. Cité dans *Victor Hugo (avant l'exil)*, p. 1098, *op. cit.*

« Fort préoccupés de l'illustration de leur père »
comme le dit Berlioz, François-Victor le sévère et
Charles le plaisantin le sont sans aucun doute.
Au point qu'en 1851, ils échouent tous les deux
en prison pour six mois, avec leur presque frère
Auguste Vacquerie. Le crime ? Une série d'articles
contre la peine de mort, parus dans *L'Evénement*. De
la Conciergerie, où il est détenu, le bon gros Charlot
envoie ce mot limpide à Victor : « Songe, mon cher
petit père, que je suis en prison un peu pour moi
et beaucoup pour toi. » Hugo, en « périssime »
qu'il est (c'est le surnom que ses fils lui donnent),
n'a de cesse de rendre le séjour plus agréable. Il
leur fait livrer des repas fins de chez Chevet, un
traiteur renommé, et paie de jolies visiteuses aux
mœurs légères.

*

La fille noyée, les fils en prison, l'autre fille
mélancolique et sombre... Comment retrouver la
légèreté d'autrefois, quand la présence de Léopoldine soulageait tous les tourments, quand de sa voix
claire, de ses caresses rieuses, elle faisait souffler la
brise exquise de la tendresse dans la maison ? Souvent, Hugo se prend à rêver qu'elle est revenue ;
une sensation physique, précise, le foudroie, Léopoldine approche, la revoici, voyez, le mauvais rêve
a pris fin :

Je ne puis demeurer loin de toi plus longtemps...

« *Oh! Que de fois j'ai dit : Silence! Elle a parlé!*
Tenez! Voici le bruit de sa main sur la clé!
Attendez! Elle vient! Laissez-moi, que j'écoute!
Car elle est quelque part dans la maison sans doute [14] ! »

---

14. *Les Contemplations*, livre quatrième : *Aujourd'hui/Pauca meae*, poème IV : *Oh! Je fus comme fou dans le premier moment...*, p. 280, *op. cit.*

Chapitre onze

L'ange blond

Grand blanc pour l'homme public, l'année 1844 est bien remplie pour l'homme privé. Depuis des années, Victor connaît, et fréquente de loin en loin, le couple Biard : François-Auguste, peintre académique, sans envergure, mais populaire, et son épouse Léonie, une beauté blonde et juvénile, piquante avec son joli brin de plume et son tempérament d'aventurière. Pas vraiment enclin à ignorer une femme séduisante, Hugo lui fait une cour légère, discrète. Début 1842, alors qu'il lui écrit pour qu'elle transmette un message à son mari, il ose ainsi ce salut galant : « Ne pas vous voir est déjà une punition assez grande sans y ajouter votre déplaisir [1]. » Et

---

1. Victor Hugo, *Lettres à Léonie*, édition de Jean Gaudon, lettre datée du 18 janvier 1842, pp. 55-56, Mille et une nuits, 2007. On note que, pour l'essentiel, les lettres à Léonie ne sont pas datées et ont été numérotées de façon peu fiable par la destinataire elle-même.

puis, quelque part entre la fin de l'année 1843 et le printemps 1844, Victor tombe amoureux. D'un amour fou, exalté, possessif; un amour fétichiste aussi – «Je vous ôte vos bas et je baise vos charmants petits pieds[2]»; un amour impatient enfin, suppliant, guère soucieux de masquer sa fougue – «Viens à l'heure[3]!», «sois exacte à l'heure[4]», «viens de bonne heure et reste longtemps[5]»...

Léonie, Léopoldine. Prénoms jumeaux, âmes sœurs. La blonde Mademoiselle d'Aunet, née en 1820, n'est l'aînée de la brune damoiselle Hugo que de quatre ans. Après la tragédie du 4 septembre 1843, la voici qui hérite soudainement, aux yeux du poète, des traits qui faisaient de Didine un être d'exception. On la découvre, dans les fragments de la correspondance parvenus jusqu'à nous, tour à tour ange et fée, et même fantôme éthéré, évanescent. Un jour où les amants condamnés à la clandestinité ne peuvent se voir, il lui écrit : « Tu es bien là, oui, mon cœur te fait présente. Mon amour fait rôder partout autour de moi ton fantôme adoré et souriant[6]. » Et encore, un dimanche matin, après une nuit passionnée : « Quand tu m'as quitté, j'étais enivré; je t'ai suivie des yeux sans sortir de la

---

2. *Ibid.*, lettre 70, p. 29.
3. *Ibid.*, lettre 16, p. 16.
4. *Ibid.*, lettre 31, p. 20.
5. *Ibid.*, lettre 42, p. 22.
6. *Ibid.*, lettre 12, p. 14.

chambre, à travers les rues et les murailles ; il me semblait que je te voyais comme une forme lumineuse et heureuse[7]. »

Une forme lumineuse, un fantôme adoré. Ces mots n'iraient-ils pas merveilleusement à la fille disparue, celle qu'on entend rire dans la chambre à côté... avant de se souvenir brutalement qu'elle n'est plus ? Léonie, rayon de soleil angélique et fugace, offre à l'homme brisé un amour réparateur, un amour substitut. Le trait essentiel que Hugo transfère de l'une à l'autre n'a rien d'anodin : c'est la nature céleste. A sa fille encore toute petite, il lançait, impérieux : « Va prier pour ton père ! » A sa jeune amante, il recommande : « Prie pour nous, ma bien-aimée, ma Léonie, tu dois être écoutée là-haut car tu en viens[8] ! » Soudainement, ce Dieu sévère qui l'a privé brutalement de Didine change de visage, il devient rayonnant et doux, bienveillant même, il prodigue une tendresse infinie : « La première chose que fait tout croyant en s'éveillant, c'est de se tourner vers son Dieu ; moi, je me tourne vers toi. C'est que tu es une religion pour moi. Et puis vois-tu, au fond, ceux qui prient et ceux qui aiment font la même chose, ils adorent. La prière est de

---

7. *Ibid.*, lettre 30, pp. 18-19.
8. *Ibid.*, lettre 12, pp. 12-13.

l'amour, l'amour est de la prière. Sois donc bénie, ma bien-aimée[9] ! »

Avec Léonie, Hugo sort de sa colère sourde, de son mutisme obstiné. Il se sent à nouveau compris, il retrouve enfin cet accord harmonieux des esprits qui lui manquait tant. Sa fille lui promettait jadis : « Ton cœur résonnera dans le mien[10] » ; tout ce qu'il lui écrivait, il savait qu'elle le sentirait bien vivement ; fille de sa chair, elle était aussi fille de son âme. De même, l'amoureuse providentielle, à laquelle il assure tranquillement : « Tu es faite de la même substance que moi-même ; nous appartenons au même monde d'idées et de sentiments. Tout en nous se comprend et se répond. Nous nous complétons l'un par l'autre[11]. » Rimes croisées et embrassées à l'infini entre ces jeunes femmes, la brune et la blonde, la fille et l'amante, que Victor appelle toutes deux « mon ange », et « lumière de ma vie ». A Léonie : « Tu es mon astre, si tu t'en vas de mon horizon, il pleut et tout est noir[12]. » De Léopoldine : « C'était ma fée/Et le doux astre de mes yeux[13]. » Toujours de sa fille : « Je l'attendais ainsi qu'un rayon qu'on espère[14]. » Et de sa maîtresse : « C'est le rayon du soleil, c'est le

---

9. *Ibid.*, lettre 62, p. 28.

10. *Correspondance de Léopoldine Hugo*, lettre du 18 mars 1843, p. 359, *op. cit.*

11. *Lettres à Léonie*, lettre 70, p. 30, *op. cit.*

12. *Ibid.*, lettre 29, p. 17.

13. *Les Contemplations*, livre quatrième : *Aujourd'hui/Pauca meae*, poème IX : *A Villequier*, p. 287, *op. cit.*

14. *Ibid.*, poème V : *Elle avait pris ce pli dans son âge enfantin*, p. 281, *op. cit.*

rayon du paradis[15] ! » Didine « aimait Dieu, les fleurs, les astres, les prés verts/Et c'était un esprit avant d'être une femme[16] ». A Léonie : « Que tu étais belle tantôt aux Tuileries sous ce ciel de printemps, sous ces arbres verts, avec ces lilas en fleurs au-dessus de ta tête. Toute cette nature semblait faire une fête autour de toi. Vois-tu, mon ange, les arbres et les fleurs te connaissent et te saluent[17]. »

Créatures immatérielles, lumineuses, poétiques, œuvres de la nature et aussi œuvres de Dieu, Léopoldine et Léonie sont deux visages d'une même femme, un idéal d'amour triomphant pour lequel Hugo, enflammé, rend les armes, abdique tout. L'une a disparu, ce n'est plus que de l'eau, ou un nuage. Aussi s'accroche-t-il à l'autre désespérément, de toutes ses forces, comme un naufragé à son radeau. La mort de Léopoldine rend la transgression possible. De la nouvelle femme-ange, de la nouvelle femme-muse, il adore chaque centimètre du corps, se laisse déborder par une passion sensuelle qui est un vrai brasier, bien plus que ses autres amours. « Si tu savais comme je te désire[18] ! », soupire-t-il, à bout de mots, fatigué de détailler ce dont il rêve : « Te tenir, te parler, te prendre sur mes genoux, t'entourer de mes bras, te couvrir et te

15. *Lettres à Léonie*, lettre 12, p. 14, *op. cit.*
16. *Les Contemplations*, « Elle avait pris ce pli... », p. 281, *op. cit.*
17. *Lettres à Léonie*, lettre 9, p. 10, *op. cit.*
18. *Ibid.*, lettre 75, p. 31.

brûler de mes caresses. Te voir pâlir et rougir sous mes baisers, te sentir frissonner dans mes embrassements[19]. » Ou encore : « Oh ! Voir tes yeux, ta bouche, ton ravissant visage, tenir ton corps charmant dans mes bras, sentir ton âme charmante sous mes lèvres, te donner et te prendre la volupté, cette double volupté de l'ange et de la femme qui est dans toi, vivre ainsi quelques heures, c'est bien plus que le paradis. C'est le bonheur de l'âme doublé de l'extase des sens ! C'est la vie complète, la vie que les anges doivent envier à l'homme[20] ! »

Terrible angoisse, et si familière ! Les anges et leur impitoyable créateur ne vont-ils pas en vouloir à Hugo de ce bonheur retrouvé, le frapper, une fois encore, dans ce qu'il aime le mieux, le châtier de cette éternelle insolence qui le fait aimer hors mariage ? La fièvre amoureuse se teinte d'inquiétude. Léonie sera-t-elle au rendez-vous convenu, rue de l'Arcade ou bien passage Saint-Roch, dans l'un de ces petits appartements qu'ils louent pour protéger leurs amours ? Qu'elle vienne à l'heure, surtout, qu'elle n'oublie pas, et qu'elle essaie de rester le plus longtemps possible ! Il faut voler quelques heures de félicité au temps maléfique, ce temps de l'effroi et de la mort attaché comme une ombre mauvaise à son existence. « Je tremble

19. *Ibid.*, lettre 12, p. 14.
20. *Ibid.*, lettre 90, p. 37.

presque devant de pareils bonheurs », confie-t-il
dans un moment de fragilité, « car c'est mieux
que le paradis, et dans de semblables instants, le ciel
doit être jaloux de la terre[21] ! »

*

Qui est vraiment Léonie, l'étoile filante qui traverse le ciel endeuillé de Victor Hugo ? Peut-être
pas un ange, mais assurément une belle figure de
femme, décidée et passionnée, moderne même dans
son indépendance. Elle se dit d'ascendance noble,
mais ses origines véritables sont difficiles à établir,
car actes de baptême et de mariage lui prêtent deux
pères différents. L'un d'eux, Thévenot, a ajouté à
son nom le distingué « d'Aunet », élégant mais
contestable. Entre une mère demi-mondaine et un
père indéterminé, Léonie a bien besoin d'un protecteur. Joliment faite, avec de beaux yeux bleus
et un teint rose, la jeune fille fait ses premières
armes comme modèle. Elle pose pour James Pradier – l'ancien amant de Juliette Drouet, le père de
sa fille Claire ! – et pour Biard, dont elle est longtemps la compagne avant de devenir l'épouse.
En 1839, à dix-neuf ans – l'âge où Léopoldine se
noie –, Léonie révèle son caractère peu banal :
avec François-Auguste, qui fait fonction de dessi-
nateur officiel, elle embarque sur *La Recherche*, un

---

21. *Ibid.*, lettre 12, pp. 12-13.

navire d'exploration dépêché en mission au pôle Nord. Première femme à poser le pied en ces terres lointaines et hostiles, Léonie se découvre aussi du goût pour l'écriture. Elle tient soigneusement son journal, qu'elle publiera des années plus tard, en 1854, sous le titre *Voyage d'une femme au Spitzberg*. Biard finit par épouser sa belle aventurière en juillet 1840, alors qu'elle attend déjà leur premier enfant, une petite Marie. Quand Hugo s'éprend d'elle, brutalement, sans crier gare, elle vient de se séparer du peintre, alors même – nouveau signe de son tempérament peu conventionnel – qu'un autre enfant s'annonce. C'est donc une femme enceinte que Victor désire avec une telle ardeur et porte aux nues avec tant de flamme. Léonie n'est pas seulement le double fantasmé de Léopoldine, l'ange doré qui apaise la cruelle absence de l'ange noir, elle porte aussi la promesse d'une naissance, d'une vie nouvelle, comme une chance symbolique de ressusciter l'enfant morte. Justement parce qu'elle attend un enfant d'un autre, Léonie tarde à se donner à Hugo, même si les « brûlantes caresses » de ce dernier lui révèlent – confie-t-elle dans son journal – « des jouissances inconnues » : « Je songe à cet être bon et généreux que je vais offenser, cet être qui a placé en moi toute sa confiance. Et je le trahirais, je deviendrais infidèle et parjure épouse ? Non, jamais. Il vaut mieux mourir. Je repousse alors ces caresses et cependant, mon cœur les désire. Je voudrais pouvoir lui donner mon corps comme je lui ai donné mon cœur. Je voudrais être à lui toute entière et lui donner plus de bonheur qu'une femme n'en donne à un homme[22]... »

Finalement, peu après la naissance de son fils Georges (en août 1844), Léonie, folle amoureuse, se livre enfin. Plus de refus, plus de regrets. Victor goûte d'autant plus cet abandon qu'il l'a attendu longtemps. Il lui écrit avec tendresse : « Il y a encore un autre souvenir bien ravissant aussi, encore une autre image, bien enivrante, qui me reste de ma douce journée d'hier. Cherche : – Oh ! Je vois d'ici rougir ton beau front et tu caches ton visage confus et charmant dans tes deux mains. – Ne rougis pas, ma bien-aimée. Sois fière. Sois fière d'appartenir toute entière à l'homme qui te comprend et qui t'adore[23]. » La jeune femme, elle-même artiste, future auteur de plusieurs romans, met dans cette passion pour l'écrivain qu'elle admire tout l'emportement des sens, et une vraie noblesse d'âme.

*

Seulement, elle a encore cours, la sombre loi selon laquelle « Dieu ne veut pas qu'on ait le paradis

---

22. Françoise Lapeyre, *Léonie d'Aunet*, Lattès, 2005, pp. 74-75.
23. *Lettres à Léonie*, lettre 43, p. 24, *op. cit.*

sur terre[24] », le décret impitoyable qui avait été révélé à Victor avec la mort de Léopoldine. On lui avait arraché sa fille, on lui enlèvera son nouvel amour. Et peu importe que le pécheur ait tenté par tous les moyens, en invoquant son nom, en tablant sur son soutien, de se concilier les bonnes grâces du Tout-Puissant – « Cette nuit-là, ma bien-aimée, sera la consécration de notre mariage. Il nous manquait notre nuit de noces. Dieu va nous la donner[25]. » Et ailleurs : « C'est Dieu qui veut notre amour, il voudra notre bonheur[26]. » En fait de bonheur, c'est la ruine qui attend les amants clandestins. Le 5 juillet 1845, Victor et Léonie ont rendez-vous passage Saint-Roch pour une « conversation criminelle » – comme dit, poétique, le langage administratif de l'époque. Ils sont en pleine étreinte, donc, et voilà qu'on tambourine à la porte. Léonie, nature émotive et inquiète, a tout juste le temps de paniquer ; le battant cède ; Monsieur Biard et un commissaire de police font leur entrée.

Flagrant délit ! Honte publique pour le pair de France ! Les journaux taisent son nom mais tout Paris fait ses gorges chaudes de cette comédie de boulevard... On n'avait pas tant ri depuis que Sainte-Beuve lui avait ravi sa femme, au père

---

24. Lettre de Victor Hugo à Louise Bertin, cité dans *Victor Hugo (avant l'exil)*, p. 909, *op. cit.*

25. *Lettres à Léonie*, lettre 12, pp. 12-13, *op. cit.*

26. *Ibid.*, lettre 56, p. 27.

Hugo ! Tragédie, surtout, pour la maîtresse coupable, expédiée manu militari à Saint-Lazare, la maison d'arrêt des prostituées et des adultères. En 1843, Biard avait offert à Hugo une gravure tirée de l'un de ses dessins. Elle représentait une femme enfermée, avec pour toute légende : « Les suites d'une faute. » Étrange présage. Énième avertissement. Comme ceux, innombrables, qui avaient précédé le 4 septembre, Victor a ignoré les signes avant-coureurs du désastre, persuadé – orgueil extrême ! – de pouvoir tromper le sort, à force de ruse et d'habileté. Le soir même, accablé, le vicomte Hugo rentre chez lui et révèle tout à sa femme. Aussitôt, Adèle lui ouvre des bras consolateurs. Apaise ses inquiétudes, fait taire ses angoisses. Mieux, elle prend l'amante punie en pitié. Elle commande un fiacre, et file lui rendre visite rue du Faubourg-Saint-Denis. Quand Léonie sortira de prison – après l'humiliation d'un procès et trois mois de réclusion –, Adèle lui ouvrira son salon, la jeune maîtresse fréquentera l'appartement familial, rue de La Tour d'Auvergne, elle sera présentée aux enfants et mêlée à la compagnie la plus prestigieuse, silhouette blonde entre Berlioz et Lamartine.

Quand, en 1852, Victor entame son long exil hors de France par un séjour à Bruxelles, Léonie se met en tête de le rejoindre. Hugo s'inquiète, il a déjà Juliette avec lui, une épouse à Paris, que

ferait-il d'une troisième compagne ? Le voici qui
demande son aide à Adèle : « Elle a l'intention de
partir le 24, va la voir tout de suite et parle-lui
raison. Une démarche inconsidérée en ce moment
peut avoir les plus grands inconvénients. Tous les
yeux sont fixés sur moi. Je vis publiquement et aus-
tèrement dans le travail et les privations. De là,
un respect général qui se manifeste jusque dans les
rues. En ce moment donc, il ne faut rien déranger à cette situation. » Où est donc passé l'amant
enfiévré, impatient, assoiffé de caresses ? Est-il
encore là, dissimulé sous les atours du bourgeois
avisé, respectable, soucieux de sa tranquillité ? Ou
bien Hugo a-t-il cessé d'adorer son ange du ciel ?
« Traite-la avec tendresse et ménage ce qui souffre
en elle. Elle est imprudente mais c'est un noble
cœur », poursuit-il, magnanime, « ne lui montre
pas ceci. Brûle-le tout de suite. Dis-lui que j'écrirai
à l'adresse qu'elle m'a donnée. Veille aux coups
de tête[27] ». Sans un mot de récrimination, Adèle
s'exécute, elle règle le problème. Léonie n'ira pas
à Bruxelles, pas plus qu'à Jersey ou à Guernesey;
Hugo peut dormir tranquille.

Étonnante Adèle. Elle aurait pu pleurer, tem-
pêter, s'indigner. Ou tout au moins se vexer de cet
énième affront public, qui lui vaut de se retrouver

---

27. Lettre à Adèle Hugo du 19 janvier 1852, citée dans *Léonie d'Aunet*,
p. 202, *op. cit.*

dès 1846 sous les traits d'Adeline Hulot, épouse bafouée, dans *La Cousine Bette*, le roman à clefs que Balzac tire aussitôt de l'intrigue. Au contraire, elle fait front. Soutient le mari infidèle. Secourt sa rivale. Et si Madame Hugo avait, elle aussi, senti l'étrange gémellité de Léonie et de Léopoldine ? N'est-ce pas un élan protecteur qui la conduit jusqu'à Saint-Lazare où, entre deux filles de joie aux vêtements rapiécés, elle découvre la belle Léonie, visage défait mais regard altier sous l'opprobre ? N'est-ce pas un instinct tout maternel qui lui fait veiller à ce que, une fois libérée, la femme qui a payé si cher d'avoir aimé son mari retrouve une vie sociale, soit reçue dans le monde, estimée et non raillée, respectée et non traînée dans la fange ?

*

En septembre 1846, Hugo est à Villequier avec les siens. Il profite d'un moment de solitude, sort vite un morceau de papier, griffonne une lettre impatiente à la maîtresse qu'il adore. « Doux ange bien-aimé, tu as une joie en ce moment où je t'écris, tu es près de ton fils comme moi-même je suis près de ma fille » – Léonie est avec le petit Georges, Victor en pèlerinage auprès de Léopoldine. « Oh ! Que je pense à toi et quelle douleur d'être séparés ! Pour pouvoir sourire à ce qui m'entoure, je songe à avant-hier et à après-demain [28]. » Voici peut-être la lettre qui dit le mieux le lien qui a uni, le temps orageux du deuil, Victor et Léonie. Car qu'est-ce donc qui entoure Hugo, quand il écrit cette sombre missive ? Mais septembre en larmes, bien sûr, le petit cimetière au-dessus de la Seine, la stèle au nom de Léopoldine, les sanglots de « la mère et la sœur orphelines », les arbres qui murmurent : « C'est le père qui vient [29] ! » Pouvoir sourire, alors, quelle bénédiction ! Quel soulagement ! Songer au petit pied charmant, à la cambrure de la taille, à ces bonnes joues pleines qui rougissent sous les baisers ; penser à la volupté d'avant-hier et à celle d'après-demain… N'est-ce pas le seul salut ? L'unique astuce pour échapper au chagrin, oublier un instant celle qui repose sous la pierre froide, et qui ignore ses suppliques muettes. Vivre en pensée avec le fantôme de l'amante, au lieu de mourir de douleur en pensant à la fille.

---

28. *Lettres à Léonie*, lettre du 26 septembre 1846, p. 59, *op. cit.*
29. *Les Contemplations, A celle qui est restée en France*, pp. 515-526, *op. cit.*

CHAPITRE DOUZE

Éternel retour

Et Juliette dans tout cela ? La pauvre souffre horriblement, délaissée par Hugo, pour lequel elle reste toutefois cloîtrée – sage, confite en dévotion – dans son appartement de la rue Sainte-Anastase. Morne vie de solitude, de dévouement et de prière, qui n'a pourtant rien d'une vocation. Comme si elle avait pris le voile en effet, il est interdit à la pétulante actrice, pourtant si bavarde et avide de compagnie, de sortir, de voir du monde, d'échapper un instant à son unique devoir : l'adoration muette du grand homme. Il est quelque lettre bouleversante, où Juliette apparaît en papillon pris au piège, qui bat frénétiquement des ailes, espérant retrouver l'air libre… et se heurte encore et encore, jusqu'à l'épuisement, à un mur impavide. « Je voudrais ne pas être injuste, je voudrais ne pas te faire de peine », écrit la captive, tendre malgré tout – n'est-ce pas la veille de leur anniversaire amoureux, le lendemain du mariage de Léopoldine? –, « mais vraiment, je t'assure, le cœur me manque. Toujours être sacrifiée à tout, aux affaires, aux plaisirs et aux affections de famille, ce n'est pas vivre... Si j'avais su, il y a dix ans, ce que je sais aujourd'hui, j'aurais préféré me tuer que d'accepter la vie ainsi faite[1]. » Et à l'hiver de l'année suivante, quand Victor est en train de tomber amoureux, sans qu'elle en sache rien, de son exact contraire, une jeune beauté blonde, une romancière, une aventurière enfin : « Il y a des moments où je crois... que c'est pour accomplir une atroce vengeance que tu m'imposes ce régime cellulaire dans toute sa rigueur[2]. »

Pourquoi la sainte alliance avec Juliette ne se brise-t-elle pas? Ni à cette époque, quand Hugo, tout habité par son deuil, la néglige tant, puis se jette à corps perdu dans la liaison brûlante avec Léonie d'Aunet. Ni plus tard, quand la même Léonie, ne supportant plus d'être un secret pour la deuxième épouse – elle qui est si liée avec la première! –, lui envoie un petit paquet ceint d'un ruban, vingt-cinq des innombrables missives enflammées que Victor lui a écrites. Choc épouvantable. Les mots d'amour dansent sous les yeux de Juliette, cette ronde de baisers passionnés, cette avalanche de serments éter-

---

1. Lettre du 16 février 1843, citée dans *Léonie d'Aunet*, p. 101, *op. cit.*
2. Lettre du 18 janvier 1844, *ibid.*

nels, ce ton sacramentel enfin, dont elle a, la première, fait les frais… Ainsi elle était trompée, et elle n'avait rien su! Les heures passées à attendre Victor, dans la solitude modeste de son intérieur, c'était pour qu'il puisse en posséder une autre; et les jours sans lettre, sans la moindre nouvelle, l'infidèle trouvait bien le temps de dire et de redire à Léonie son désir fou – « je baise ta bouche divine[3] », « j'ai passé ma nuit à te posséder, en rêve, hélas[4]! », « ta pensée me brûle et me charme[5] ». « Mon bonheur a été tué samedi 28 juin 1851, à trois heures de l'après-midi. Je le mets dans la tombe aujourd'hui[6] », annonce – solennelle – Juliette Drouet. Et puisqu'il est dit que les femmes de l'entourage d'Hugo ont une noblesse de réaction peu commune, elle écrit bravement : « Je remercie cette femme d'avoir été impitoyable dans les preuves de ta trahison. Elle m'a bien enfoncé jusqu'à la garde cette adoration que tu lui as donnée pendant sept ans. C'était cynique et féroce mais c'était honnête. Cette femme était digne d'être mon bourreau[7]. »

---

3. *Lettres à Léonie*, lettre 100, p. 44, *op. cit.*
4. *Ibid.*, lettre 136, p. 49.
5. *Ibid.*, lettre 56, p. 27.
6. Citée dans *Léonie d'Aunet*, p. 149, *op. cit.*
7. *Ibid.*

*

Si Juliette et Victor ne sont pas irrémédiablement séparés par l'acte vengeur de Léonie, si leur amour dure en tout cinquante ans – brisé seulement par la mort de Mademoiselle Drouet, en 1883 –, c'est parce que quelque chose de plus fort les unit. Comme avec Adèle en effet, Hugo partage avec sa maîtresse le lien irrémédiable de la douleur et du deuil, la mort d'une fille aimée, élevée ensemble. En 1845, Claire Pradier – fille unique de Juliette et du sculpteur James Pradier – a dix-neuf ans. Age maudit : celui qu'aura à jamais Léopoldine, engloutie par les eaux deux ans auparavant. La jeune fille a appris que son père a une famille légitime, des enfants officiels, et qu'il veut la cacher, ou tout au moins la faire passer au second plan. Humiliée, blessée, elle se laisse aller à une mélancolie profonde, des tendances suicidaires qu'elle exprime dans son journal et qui inquiètent son entourage. Et puis sa santé paraît fragile, elle est pâle, malingre, elle tousse. Belle dame triste, et sans camélias, Claire a le mal du siècle : la tuberculose. En juin 1846, elle succombe.

« Quoi donc ! La vôtre aussi ! La vôtre suit la mienne ! », explose Victor dans un poème écrit quelques mois plus tard. Vers de révolte, et d'incompréhension, où la coupe amère du deuil sans fin est bue jusqu'à la lie :

> *« La mienne disparut dans les flots qui se mêlent ;*
> *Alors, ce fut ton tour, Claire, et tu t'envolas*[8]. *»*

Terrible, éternel retour du même. D'abord, la fille du père infidèle. Maintenant, celle de la mère pécheresse. Chacun privé de son enfant, d'une pure, aimable et gracile damoiselle, cueillie par une Parque impitoyable au seuil de la vie. « A qui mariez-vous, mon Dieu, toutes ces vierges[9] ? », s'interroge un Hugo éploré – dans une autre pièce pour Claire –, oubliant opportunément que sa Léopoldine n'est pas morte vestale immaculée, ne lui en déplaise, mais bien femme mariée.

*

Victor a connu Claire toute petite – elle n'avait pas sept ans en 1833, quand il s'est épris de Juliette, alors actrice au Théâtre de la Porte-Saint-Martin et titulaire d'un petit rôle dans sa *Lucrèce Borgia*. Déjà délaissée par Pradier, l'enfant est envoyée en pension à Saumur : funeste présage, car ce sera là l'une des étapes du retour effréné vers Paris, après la

---

8. *Les Contemplations*, livre sixième : *Au bord de l'infini*, poème VIII : *Claire*, pp. 423-428, *op. cit.*

9. *Ibid.*, livre cinquième : *En marche*, poème XIV : *Claire P.*, pp. 351-353.

mort de Léopoldine, en septembre 1843... Hugo s'inquiète de voir Juliette séparée de sa fille. Il sait bien, lui, le père énamouré, comme les enfants peuvent faire le bonheur des parents, et puis la fillette l'émeut, elle est tranquille et grave, d'une tristesse au-dessus de son âge que l'on voudrait bien consoler. Le voici qui se démène pour lui trouver une école proche de Paris, il l'inscrit à Saint-Mandé d'où elle peut revenir passer le dimanche avec sa mère. On imagine la joie de Juliette, sa gratitude extasiée, et surtout le bonheur de la petite fille, ces échappées avec sa jolie maman fantasque hors du regard des nonnes et de la morne routine de la vie de pension.

Dans les premiers temps de leur amour, tout à l'exaltation de cette rencontre prédestinée, Juliette s'est livrée à Victor avec ses failles et sa détresse. Elle lui a dit comment, puisque Pradier la laissait sans ressources, elle avait dû partir à Bruxelles chercher à s'employer, quand sa fille était encore bébé. Jours de misère, jours d'angoisse. On avait placé Claire en nourrice, à Mantes, chez de braves gens, semblait-il ; mais comment savoir, de si loin, s'ils la traitaient bien ? Et puis aussi comment survivre, jour après jour, sans voir son petit ange ? Manquer ses premiers pas, ses premiers mots ; ne rien savoir des petites joies de sa vie ; ignorer son visage, sa voix, son sourire. Tout ceci, Hugo l'écoute avec une attention avide. N'a-t-il pas lui aussi, jadis, et pour le pire, envoyé un nourrisson à la campagne ? Ne sait-il pas le malheur d'être séparé de son enfant ? Un jour, il saura se souvenir du récit de Juliette, il en tirera ce portrait déchirant d'une mère acculée par la faim, la pauvreté, la méchanceté des hommes : Fantine. Et puis, il écrira, comme un clin d'œil affectueux et triste à sa copiste et amante, comme un hommage aussi à la jeune défunte : « On eût pu dire de Cosette qu'elle était claire [10]. »

*

Toute la brève existence de Claire Pradier se déroule donc sous l'œil bienveillant, protecteur, du galant de sa mère. Pensionnaire à Saumur puis à Saint-Mandé, elle reçoit des lettres de Juliette avec souvent, en post-scriptum, un petit mot tendre : « M. Toto aime bien et embrasse bien sa petite amie. Il voudrait l'avoir encore pour voyager avec elle dans tous les pays possibles. Mais il voudrait l'avoir surtout pour l'embrasser et la soigner comme son enfant [11]. » Ainsi, telle Juliette qui aspire à être la mère des enfants d'Hugo et les poursuit de ses prières et de ses cadeaux, son amant se voudrait père de sa petite fille. Il l'emmène parfois en va-

---

10. *Les Misérables*, tome II, p. 346, *op. cit.*

11. Cité dans *Léopoldine, l'enfant-muse de Victor Hugo*, Henri Gourdin, p. 179, *op. cit.*.

cances, et il paye sa scolarité. Le rôle est plaisant, d'autant qu'il y a un vide à combler. Pradier n'a que faire de la gamine, il est trop occupé à tenir salon dans son atelier de la rue de l'Abbaye – Hugo, du reste, le fréquente à l'occasion – avec sa curieuse société de nobles gens et de femmes de petite vertu, son mélange de politiciens à la mode et d'artistes désargentés.

Le dimanche, Claire est donc rue Sainte-Anastase, avec Juliette, où M. Toto se rend souvent. Et le jeudi, jour de visite au parloir de Saint-Mandé, il vient aussi, lui offre des bonbons, de menus cadeaux, de l'argent pour compléter le trousseau de sa poupée. Plus tard, c'est sur le conseil avisé de Victor que Claire décide de passer le concours d'institutrice. Quel meilleur emploi pour une demoiselle si douce, et qui aime tant les enfants ? Mais hormis la tendresse attentive du poète, la vie ne réserve que dureté, méchancetés du sort, caprices du destin, à cette créature fragile. En 1845, l'ineffable Pradier envoie dans l'école où Claire est surveillante ses enfants légitimes, John et Charlotte. Bouleversée par l'irruption dans sa vie de ces demi-frère et sœur, la jeune fille leur écrit, prudente, respectueuse. Elle signe de son nom. Réponse du père indigne : « Je pense qu'il ne faut pas habituer les jeunes filles à se servir de leur plume pour faire connaître leurs sentiments » – connaîtrait-il Louise

Bertin, ce gredin de sculpteur? Et ensuite : « Ne signe plus pour eux Pradier, car on sait tout et cela pourrait donner matière à chicane de la part de bien des gens. » Il la quitte sur une recommandation finale – une pique mauvaise contre le célèbre amant de Juliette : « Ne deviens pas écrivassière pour rien, je veux dire pour le seul plaisir de prendre la plume[12]. »

Après ce coup de trop, la frêle Claire dépérit. « Je rêve bien souvent de ceux que j'aime, et lorsque je m'éveille, je souhaiterais de dormir toujours », confie-t-elle à son journal. Quand on lui demande une composition – pour ses études d'institutrice – elle choisit le titre « Sur une tombe abandonnée », et déroule une sombre vision qu'elle achève ainsi : « La pierre sépulcrale s'était doublée sur la jeune fille : au marbre du mausolée, le monde avait ajouté le marbre de l'oubli. » Écrivant à son protecteur, à son presque père, Victor, elle révèle une humilité touchante, mais avec le ton de qui a déjà renoncé et s'avance lentement, résolument, dans les bras de la mort. « Monsieur, je vous remercie de tout mon cœur de l'affection que vous voulez bien me témoigner, toute indigne que j'en sois, je vous en remercie, car, maintenant, je sais l'apprécier et je sens toute la grandeur de ce que jadis je craignais si peu de perdre. » Quelle tristesse pour le père

---

12. James Pradier, *Correspondance*, Genève, Droz, 1985, tome 2.

meurtri dont l'aînée vient de disparaître, que le spectacle de cette jeune fille bien vivante qui voudrait lâcher prise et plonger dans l'abîme ! Elle poursuit, adoptant d'elle-même ce rôle d'intercesseur que Hugo assigne aux jeunes filles qu'il aime : « Aussi, n'ayant rien à offrir qui puisse égaler ce que vous voulez bien faire pour moi, je me contente de prier en silence ce Dieu que votre beau génie sait si bien peindre, de vous payer au centuple dans l'éternité ce que vous avez bien voulu donner sur la terre à une chétive petite créature. Puisse-t-il m'exaucer et vous accorder sur cette terre le bonheur et la joie. Adieu, Monsieur Toto, ayez toujours bien soin de ma chère maman qui est si bonne et si charmante, et soyez sûr que votre Claire vous en sera bien reconnaissante. »

Les derniers jours de la vie de Claire se passent à Auteuil, dans un appartement que possède Pradier. Mais ce n'est pas le père officiel qui se rend, jour après jour, à son chevet avec des brassées de roses, et les médecins les plus réputés de la capitale. C'est Hugo, bien sûr ; il accompagne sa fille de cœur dans l'agonie, l'entoure de mots d'amour jusqu'à ce qu'elle s'éteigne. Au terme de sa jeune vie, Claire reçoit tous les soins, toutes les preuves d'affection que Victor n'a pas pu prodiguer – et pour cause – à la noyée de Villequier.

*

Dans l'année qui suit l'annonce faite à Juliette de son amour secret, la destinée du pays – et, du même coup, celle de Victor et des siens – bascule. Après avoir soutenu, dans *L'Événement*, sa candidature à la présidence de la République, Hugo se retourne contre Louis-Napoléon Bonaparte. Trop de choses les séparent – la question romaine, le projet de loi Falloux, et puis le souci de la liberté d'expression qui galvanise Hugo plus que tout. Le 17 juillet 1851, il emploie pour la première fois, dans un grand discours contre le président, une expression qui passera à la postérité : « Quoi! Après Auguste, Augustule! Quoi! Parce que nous avons eu Napoléon le Grand, nous aurions Napoléon le Petit [13]!... » Bonaparte s'inquiète de perdre un appui si précieux. Un beau soir, peu avant minuit, de mystérieux visiteurs sonnent à la porte de l'appartement de la rue de La Tour d'Auvergne. Hugo ne vient pas à lui? Qu'à cela ne tienne, Louis-Napoléon vient à Hugo, escorté – pour plus d'effet – de son oncle Jérôme, le petit frère de Napoléon Ier, l'ancien roi de Westphalie.

Elle a un côté follement Alexandre Dumas, cette visite impromptue à l'orée du coup d'Etat, dans le secret d'un Paris nocturne où les puissants

13. Cité dans *Napoléon III*, p. 178, *op. cit.*

confèrent en secret, s'accordent à l'insu du peuple, nouent des alliances décisives. Hugo se laissera-t-il séduire par l'importance qu'on lui accorde soudain? Ce souci manifeste d'obtenir son soutien avant la prise de pouvoir brutale? Et en présence de Jérôme, un Bonaparte qui a tout connu des grandes heures de l'Empire et donc, émotion indicible, de l'âge d'or du général Hugo! Point du tout, l'écrivain ne cille pas, écoute courtoisement ce qu'ont à lui dire le président et son prestigieux parent... et puis il les ramène à la porte. Au matin du 2 décembre, les murs de la ville sont tapissés d'affiches; le Second Empire commence sous l'œil vigilant de l'armée et dans un vent de révolte – manifestations spontanées, barricades, insurrection. Victor – opposant déclaré, influent et donc dangereux – est désormais un homme recherché. Adèle attend des nouvelles à la maison tandis que Juliette déploie des ressources insoupçonnées, lui dégote un passeport, confectionne un déguisement d'ouvrier. Le 11 décembre, Victor Hugo est gare du Nord, avec ses faux papiers, et monte sans se retourner dans un train pour Bruxelles.

*

Dans ce moment crucial du départ pour l'exil, c'est vers Juliette que Victor se tourne, sur sa tendre sollicitude qu'il s'appuie. Rien n'a donc pu les séparer, ni ses exigences tyranniques, ni même la découverte de la passion pour l'ange blond qui a cruellement déchiré le cœur de la maîtresse en titre… C'est qu'au sortir de cette épreuve, Hugo et Juliette ont renouvelé tout autrement l'alliance sacrée de leur première nuit d'amour. Le 27 août 1851 – à la veille de ce qui eût été le vingt-septième anniversaire de Léopoldine, deux mois après avoir reçu les preuves de la trahison –, Juliette convoque l'infidèle rue Sainte-Anastase. Il accourt, penaud, espérant son pardon, la fin de cette fâcherie inutile, qui l'empoisonne, à la fin. Grave, toute de noir vêtue, la mère de Claire tend à Hugo un portrait de sa fille morte. Puis elle en sort un autre, l'image plus vraie que nature d'une sylphide en robe blanche : Léopoldine adolescente. Hugo croit défaillir, à les voir là toutes deux, l'une pâle et évanescente, l'autre si belle et rose, le teint animé, les yeux noirs pétillants de vie. Alors Juliette exige, solennelle, un serment de fidélité au nom des deux défuntes. Hugo, bien sûr, le lui accorde – comment pourrait-il refuser, sous la pression muette de ces regards innocents ? Plus rien désormais ne pourra les séparer. Plus tard, depuis Guernesey, Victor écrira encore à Léonie, mais en marquant de plus en plus de distance, l'amour ardent cédant la place à une affection lointaine. Il en lutinera d'autres bien sûr, innombrables servantes et respectables dames comme il faut, mais jamais il ne s'abandonnera avec la même fougue. Il reste immobile, suspendu, entre Adèle et Juliette, deux mères en deuil avec qui il peut en silence guetter l'horizon lointain, dans l'espoir un peu fou que vienne un moment à passer un ravissant fantôme :

> « *Et nous restons là, seuls, près du gouffre où tout fuit,*
> *Tristes ; et la lueur de leurs charmants sourires*
> *Parfois nous apparaît vaguement dans la nuit*[14]. »

---

14. *Les Contemplations*, livre sixième : *Au bord de l'infini*, poème VIII : *Claire*, pp. 423-428, *op. cit.*

CHAPITRE TREIZE

Un fantôme à sa rencontre

C'est un soir de 1853 sur l'île de Jersey, dans la belle demeure de Marine-Terrace, cette drôle de maison cubique que les Hugo habitent depuis un an. Il paraît déjà loin, le triomphe de l'arrivée, avec sur le quai une foule de Français enthousiastes – eux aussi en exil – réunis pour accueillir dignement le plus fameux des opposants à Napoléon III. Depuis, la vie s'est faite plus calme, monotone même, malgré quelques rituels, ces grandes promenades à cheval dans l'air du large qui voient père et fils faire la course sur les longues plages grises, et s'arrêter de temps à autre pour une baignade revigorante. Les Jersiais se sont habitués à voir la haute silhouette carrée arpenter leur rivage en vareuse et en bottes ; le matin, il reste chez lui, on sait bien qu'il ne faut pas le déranger, il écrit ; mais le reste du temps, il est là, entouré de gens ordinaires, ouvert, accessible, prodiguant même, chaque samedi, ses conseils aux autres proscrits. Le soir seulement, on se souvient que l'on vient de Paris, où la mondanité fait tout. Entourée de ses enfants et d'Auguste Vacquerie, Adèle reconstitue tant bien que mal le salon du dimanche. On y croise des militaires en poste, quelques figures de la bonne société locale et, bien sûr, les visiteurs venus du continent rendre un hommage appuyé au grand homme. Pas de trace de Mademoiselle Drouet qui pourrait pourtant venir en voisine : ici comme en France, Victor Hugo mène deux vies conjugales bien distinctes.

Ce soir-là, la vague torpeur qui baigne Marine-Terrace se trouble ; l'air marin se corse d'une pointe d'effervescence. Ce n'est pas tous les jours que l'île reçoit une invitée aussi prestigieuse. Delphine de Girardin, aristocrate, femme de lettres, spirituelle et d'une beauté racée, marque assez les esprits du temps pour être citée dans *Illusions perdues* (plusieurs poèmes attribués à Lucien de Rubempré sont de sa plume) et inspirer en outre à Balzac un personnage séduisant d'artiste et d'hôtesse mondaine, cette Camille Maupin qui se promène au gré de *La Comédie humaine*. Elle est depuis des années une intime des Hugo, amie d'Adèle – dont, au contraire de Berlioz, elle loue les talents d'hôtesse – et proche de Victor. Elle a partagé avec eux les divertissements les plus éclatants au temps de la gloire, mais

198

aussi de ces conversations plus intimes où l'on s'attarde sur les blessures du passé, et les chers disparus.

Aussi subodore-t-elle à raison qu'elle aura du succès en proposant aux Hugo de partager son passe-temps favori : faire tourner les tables. Inventée en 1848 dans le comté de New York par une famille que hantait un fantôme communicatif, la pratique connaît d'emblée un succès fulgurant. Il faut cinq ans à l'Europe pour s'abandonner à la contagion. Madame de Girardin, initiée à ces mystères, s'est découvert un talent de médium. Au-dehors souffle le grand vent du large, l'océan bouillonne d'écume blanche, et dans le salon de Marine-Terrace, à la lumière de la bougie, la compagnie – le général Le Flô, Auguste, Charles, François-Victor, les deux Adèle, Hugo lui-même –, en rond autour d'une table, se donne la main, suivant les instructions de la belle Delphine. Silence de mort. On attend, fébrile, on guette le moindre bruit. Un grincement du parquet, un coup de vent au loin... Serait-ce déjà la morte ?

Tout le monde, autour de la table d'acajou luisant, sait bien de qui on attend l'apparition. Celle à qui chacun – petite sœur esseulée, amoureux éconduit, parents désespérés – parle depuis dix ans, dans le secret de la prière ou le silence de son âme. Celle qui disparut voici neuf ans, à sept jours près : on est le onze du mois terrible, du mois funèbre, « septembre en larmes ». Soudain, la table se soulève, un coup, plusieurs ; incroyable, la voici ; elle est donc revenue, la « fille morte » : Léopoldine ! On se regarde incrédule, on prête l'oreille, les moins exaltés jettent un œil prudent sous la table : serait-ce un tour, une astuce, une ruse de la visiteuse de Paris ? Delphine reste imperturbable – elle a l'habitude, après tout, de discuter avec les ombres. Auguste Vacquerie, bouleversé par cette réapparition soudaine de son amour défunt, se chargera de la transcription de la séance :

« Victor Hugo : Es-tu heureuse ?

— Oui.

— Où es-tu ?

— Lumière.

— Que faut-il faire pour aller à toi ?

— Aimer. »

Alors que Delphine tente de profiter de cette présence surnaturelle pour lire l'avenir (« Rentreront-ils bientôt en France ? », demande-t-elle par exemple à propos des Hugo), Victor reste dans le registre de l'intime, du sentiment :

« Vois-tu la souffrance de ceux qui t'aiment ?

— Oui.

— Es-tu contente quand ils mêlent ton nom à leurs prières ?

— Oui.

— Es-tu toujours auprès d'eux? Veilles-tu sur eux?
— Oui.
— Dépend-il d'eux de te faire revenir?
— Non [1]. »
Après la séance, quand chacun se sera retiré dans ses appartements, les larmes étouffées couleront librement.

*

Le moins que l'on puisse dire, c'est que le terrain était favorable pour que Victor Hugo s'adonnât un jour aux joies sombres du spiritisme. Affaire d'époque, bien sûr. Depuis le début des années 1830, il n'est question que de cela, à Paris et ailleurs. Les séances d'hypnose font les beaux soirs de la vie mondaine; des magnétiseurs – professionnels ou amateurs doués comme Alexandre Dumas père – endorment de jolies jeunes femmes nerveuses, souvent hystériques ou épileptiques, dotées de cerveaux dits « irritables » et donc propices [2]. Modernes pythies, ces « somnambules » répondent à des questions, prédisent l'avenir, devinent les secrets les mieux gardés. Dans l'une de ses dernières lettres à Léopoldine, Hugo évoque la forte impression que

---

1. *Chez Victor Hugo. Les Tables tournantes de Jersey*, pp. 13-14, L'École des lettres, 1996.
2. Sur le spiritisme au XIXe siècle, voir *Histoire de la voyance et du paranormal*, Nicole Edelman, Seuil, 2006.

lui a faite une scène de ce genre, également racontée par *Le Siècle* du 8 juin 1843. Invité par une vicomtesse pour « une séance de magnétisme dans ses élégants salons de la rue d'Anjou », il voit la jeune « pythonisse » endormie se saisir de sa main. « Elle a dit sans hésiter : "Vous êtes un grand poète, vous avez travaillé aujourd'hui à un ouvrage que vous destinez au Théâtre-Français ; je vois votre avenir comme votre passé, plein de triomphe et de gloire"[3]... » Circonspect et pourtant impressionné, Hugo confie à sa fille que, malgré la possibilité réelle que tout soit joué, « le fait n'en est pas moins étrange et donne à penser[4] ». Et si, arrivé à Jersey, il choisit contre l'avis général la maison isolée de Marine-Terrace, c'est en partie parce qu'on lui a parlé des phénomènes inexpliqués qui s'y produisent...

Au début du siècle, le peuple se ruait au couvent des Capucines, pour assister à des « fantasmagories », la projection – grâce à une sorte de lanterne magique améliorée – d'une véritable ronde funèbre, accompagnée d'une musique glaçante : « Les fantômes paraissent dans le lointain, ils grandissent et s'avancent jusque sous les yeux et disparaissent avec la rapidité de l'éclair », raconte *Le Courrier des théâtres*. Même touche de grand-guignol dans les lieux plus aristocratiques : puisque l'hypnose agit comme

---

3. Cité dans *Correspondance de Léopoldine Hugo*, p. 417, *op. cit.*
4. *Ibid.*, lettre du 19 juin 1843, p. 416.

un anesthésiant, on s'amuse à taquiner le sujet avec une flamme vive, ou même à enfoncer une aiguille dans son bras dodu. Rien de tel qu'une plongée dans l'occulte pour électriser les foules et faire vibrer d'excitation la société la plus blasée !

Mais ce qui séduit Hugo, et avec lui les meilleurs esprits du temps – Gautier, Balzac, Dumas, Sand, Nodier… –, dépasse de beaucoup le goût un peu facile du frisson, la peur, au fond plutôt banale, de l'au-delà. Il y a là un véritable enjeu philosophique. A une époque où la science commence tout juste à déceler l'invisible – électricité, rayons, ondes – dans le visible, l'idée que des intelligences spirituelles meuvent le monde exerce une séduction compréhensible. Le spiritisme se présente comme une révélation religieuse, la preuve, s'il en fut, que Dieu existe. Mystique, avide de signes, hanté de prémonitions, Hugo adhère sans résistance à l'idée d'une sphère qui échappe à l'œil nu. D'autant que Delphine de Girardin lui explique comment, pour les spirites, la chair, le corps sont des malédictions endurées par les hommes pour expier leurs péchés ; la dématérialisation est une marque incontestable de supériorité. Il n'en faut pas davantage pour le convaincre, lui dont la fille chérie « était un esprit avant d'être une femme[5] ».

---

5. *Les Contemplations*, livre quatrième : *Aujourd'hui/Pauca meae*, poème V : *Elle avait pris le pli dans son âge enfantin*, p. 281, *op. cit.*

*

Aussitôt dit, aussitôt fait. Convoquée pour la première fois lors de la séance du 11 septembre 1853, Léopoldine se fait tout de suite entendre. De bonne grâce, elle répond aux questions, prouve à sa mère qui elle est en évoquant un fait connu d'elle seule, promet de revenir. Démonstration moins de l'efficacité de Madame de Girardin que de la prégnance du souvenir de la jeune fille parmi les vivants. Si elle apparaît, c'est qu'elle était, en fait, déjà là, affleurant à la surface, constamment attendue par ses parents éplorés :

> *« Nous avons pris la sombre et charmante habitude*
> *De voir son ombre vivre en notre solitude,*
> *De la sentir passer et de l'entendre errer,*
> *Et nous sommes restés à genoux à pleurer* [6]. *»*

Les poèmes des *Contemplations* en témoignent, Hugo est incapable de concevoir la mort de sa fille. Son obsession, l'image qui le hante, c'est une Léopoldine active dans sa tombe, parfois assoupie, le plus souvent aux aguets, tantôt bavarde tantôt silencieuse, mais jamais, au grand jamais, inanimée.

---

6. *Ibid.*, livre cinquième : *En marche*, poème XII : *Dolorosae*, pp. 347-348.

> « *Hélas ! Cet ange au front si beau*
> *Quand vous m'appelez à vos fêtes*
> *Peut-être a froid dans son tombeau.*
>
> *Peut-être, livide et pâlie,*
> *Dit-elle dans son lit étroit :*
> *"Est-ce que mon père m'oublie*
> *Et n'est plus là, que j'ai si froid ?"*[7] »

Sous la terre, la morte parle, elle souffre, et sur-tout, elle pense à son père, elle le réclame, même ! Ledit père va encore plus loin dans *A celle qui est restée en France* :

> « *As-tu sans bruit parfois poussé l'autre endormi ?*
> *Et t'es-tu, m'attendant, réveillée à demi ?*
> *T'es-tu, pâle, accoudée à l'obscure fenêtre*
> *De l'infini, cherchant dans l'ombre à reconnaître*
> *Un passant, à travers le noir cercueil mal joint,*
> *Attentive, écoutant si tu n'entendais point*
> *Quelqu'un marcher vers toi dans l'éternité sombre,*
> *En disant : qu'est-ce donc ? Mon père ne vient pas !*
> *Avez-vous tous les deux parlé de moi tout bas*[8] *?* »

Au-delà de son goût du macabre – la défunte, hâve et blafarde, jetant un coup d'œil à travers les planches disjointes du cercueil –, le poète révèle ici

---

7. *Ibid.*, livre quatrième : *Aujourd'hui/Pauca meae*, poème III : *Trois ans après*, pp. 275-279.
8. *Ibid.*, *A celle qui est restée en France*, pp. 515-526.

combien, douze ans après (il écrit ce poème à Guernesey, en 1855), sont toujours entremêlées sa jalousie d'homme délaissé et sa douleur de père endeuillé. Qu'elle est encore vivace, la blessure du double abandon, du mariage et de la mort! La fille et le gendre reposent couchés l'un contre l'autre, Charles est endormi tandis que Léopoldine guette, impatiente, frémissante, non le réveil de son époux mais bien l'approche de son père... Se disent-ils quelques mots, les deux tristes fantômes? Peut-être, mais à propos d'Hugo, bien sûr!

Signe qu'il a malgré tout mauvaise conscience, Victor consacre un poème à son gendre défunt, poème consciencieux, appliqué, marqué du sceau du devoir – « En présence de tant d'amour et de vertu/Il ne sera pas dit que je me serai tu ». Curieusement, il n'imagine pas, cette fois, sa Léopoldine veillant. « Dors, mon fils, auprès de ma fille », lance-t-il d'abord, avant de conclure : « Dormez le chaste hymen du sépulcre! Dormez[9]! » Voilà qui arrange bien cet incorrigible jaloux : non seulement il s'est assez approprié Charles pour en faire le frère de sa fille, mais en plus le sépulcre ne peut que rester chaste; nulle douce joie à prévoir dans la nuit éternelle que, sous la plume de son père, Léopoldine partage avec son époux.

---

9. *Ibid.*, livre quatrième : *Aujourd'hui/Pauca meae*, poème XVII : *Charles Vacquerie*, pp. 303-307.

*

On touche peut-être là à ce qu'il y a de plus émouvant dans la relation entre Léopoldine et Victor Hugo. Le lien reste, dans la mort, aussi riche, aussi complexe, aussi puissant enfin, que dans la vie. Jamais la jeune fille n'est reléguée au rang de souvenir lointain, jamais son étoile ne pâlit. Quand elle était encore de ce monde, Victor conversait avec elle en son absence – « J'ai souvent avec toi, à ton insu, de longs et doux entretiens [10]. » Pourquoi cesserait-il, à présent qu'elle est dans l'au-delà ? Hugo n'en finit pas de se figurer sa Léopoldine, sa pensée ne le quitte pas, il imagine ce qu'elle pense et ce qu'elle ressent ; il s'inquiète même que, telle une amante délaissée, elle lui tienne grief de son absence :

> *« Elle sait, n'est-ce pas ? Que ce n'est pas ma faute*
> *Si, depuis ces quatre ans, pauvre cœur sans flambeau,*
> *Je ne suis pas allé prier sur son tombeau ! »*

Tout irait pour le mieux, au fond – dialogue constant, harmonie absolue –, si Léopoldine ne restait pas sourde à son appel, si elle ne refusait pas, obstinément, malgré les torrents de larmes et les

---

10. *Correspondance de Léopoldine Hugo*, lettre du 21 avril 1843, p. 394, *op. cit.*

supplications, de revenir à la vie. Mystère que le père se refuse à comprendre :

> « *Pourquoi donc dormais-tu d'une façon si dure,*
> *Que tu n'entendais pas lorsque je t'appelais*[11] *?* »

Qu'est-ce donc que ce sommeil qui n'en finit pas, cette absence prolongée ? Parfois, il croirait même à de la mauvaise volonté, à un caprice de fillette entêtée qui se cabre devant l'ordre paternel :

> « *Lazare ouvrit les yeux quand Jésus l'appela ;*
> *Quand je lui parle, hélas ! pourquoi les ferme-t-elle*[12] *?* »

Les séances de table tournante sortent pour un temps Hugo de cette contradiction. Il parlait déjà à sa fille, sans comprendre pourquoi elle refusait de se plier à son désir. La communication régulière avec le fantôme apaise ce tourment. L'esprit de Léopoldine a en effet prononcé son seul « Non » en réponse à la question « Dépend-il d'eux (les vivants) de te faire revenir ? ». Après la séance inaugurale de 1853, cette émotion si forte, une vraie folie, une manie dirait-on à l'époque, s'empare de Marine-Terrace. Les séances deviennent quasi quotidiennes au cours de l'année 1854. Bien sûr, l'ennui de l'exil y est pour beaucoup, nul doute que

---

11. *Les Contemplations, A celle qui est restée en France*, pp. 515-526, *op. cit.*
12. *Ibid.*

les longues soirées d'hiver dans la brume anglo-
normande passent plus vite, à converser avec les
défunts. On finira du reste par s'entretenir avec à
peu près tous ceux qui comptent outre-tombe, de
Napoléon à Jésus-Christ en passant par Chateau-
briand. Mais au-delà du plaisir anecdotique de la
fréquentation des grands de l'autre monde, le goût
du spiritisme est encore, pour Hugo, une autre
manière d'échapper au deuil – comme la politique,
la fièvre amoureuse et la construction d'une stèle
poétique dédiée à sa fille.

*

Le rivage de Jersey est habité, dit-on, par trois
fantômes. Ce sont les dames de la Grève : la Dame
Grise, une ancienne druidesse ; la Dame Noire, une
fille parricide ; et la Dame Blanche, responsable de
la mort de son enfant. Cette dernière est la seule
à se plaire à Marine-Terrace. Elle se fait volontiers entendre lors des séances de spiritisme, donne
même des rendez-vous à heures fixes. D'aucuns
l'aperçoivent aussi, lumineuse et fugitive, envelop-
pée dans un grand voile vaporeux, une fois le
soir venu. Faut-il qu'il se sente coupable, le père
Hugo, pour n'être hanté que par cette Dame-là,
condamnée à l'errance éternelle pour infanticide ! Il
la fait apparaître dans *Les Travailleurs de la mer* et va
jusqu'à lui prêter sa plume, le temps d'un poème

des *Contemplations*. Surprise, ce n'est pas une voix féminine qui s'exprime alors, mais un homme mélancolique qui sait bien qu'il est maudit :

> *« Avant d'être sur cette terre,*
> *Je sens que jadis j'ai plané ;*
> *J'étais l'archange solitaire,*
> *Et mon malheur, c'est d'être né*[13]*. »*

Sur son île baignée par l'Atlantique, à Jersey puis à Guernesey (il s'installe à Hauteville House en octobre 1855), Victor Hugo plonge dans les ténèbres de l'au-delà. Le temps du spiritisme prend fin en 1855, quand son ami Jules Allix – un républicain proscrit, épris de la jeune Adèle et passionné de tables tournantes – fait une véritable crise de démence à l'issue d'une séance et doit être interné à l'asile de Saint-Hélier. Soudain, la compagnie s'effraie : serait-il dangereux, ce commerce avec les ombres dont on a pris l'habitude ? Et que signifient ces messages embrouillés, ces erreurs manifestes, ces signaux contradictoires ? L'incrédulité gagne peu à peu le poète. Et puis, personne n'ose le dire, mais les conversations avec Léopoldine sont bien décevantes. Ce ne sont que propos vagues et délires mystiques, aucune trace de la jeune fille ardente et

---

13. *Ibid.*, livre cinquième : *En marche*, poème XV : *A celle qui est voilée*, pp. 440-443.

sensible dont les petits mots tendres savaient vous ravir le cœur.

Plus de tables tournantes, donc. Mais le dialogue avec les forces obscures se poursuit. Hugo dort toujours aussi mal, il ne se défait pas de ses cauchemars, et finit par penser qu'en sombrant dans le sommeil, il accède au monde invisible des spectres : « Au-dessus de ces paupières fermées où la vision a remplacé la vue, une désagrégation sépulcrale de silhouettes et d'aspects se dilate dans l'impalpable. Une dispersion d'existences mystérieuses s'amalgame à notre vie par ce bord de la mort qui est le sommeil [14]. » Il fait de Gilliat, dans *Les Travailleurs de la mer*, un visionnaire et un intuitif, en prise avec « tout ce mystère que nous appelons songe et qui n'est autre chose que l'approche d'une réalité invisible [15] ». C'est cette réalité-là qui mobilise désormais toute son attention. Posté sur son rocher comme sur la tombe de sa fille, Hugo monte la garde, à l'affût du signe tant attendu :

> *« J'effeuillais de la sauge et de la clématite ;*
> *Je me la rappelais quand elle était petite,*
> *Quand elle m'apportait des lys et des jasmins,*
> *Ou quand elle prenait ma plume dans ses mains,*
> *Gaie, et riant d'avoir de l'encre à ses doigts roses ;*

---

14. *L'Homme qui rit*, p. 219, *op. cit.*
15. *Les Travailleurs de la mer*, p. 141, *op. cit.*

Je ne puis demeurer loin de toi plus longtemps...

Je respirais les fleurs sur cette cendre écloses,
Je fixais mon regard sur ces froids gazons verts,
Et par moments, ô Dieu, je voyais, à travers
La pierre du tombeau, comme une lueur d'âme[16] *! »*

L'œil fixé sur le sépulcre, la vue obscurcie par les nuées de l'au-delà, le Hugo de l'exil fait figure de voyant. Silhouette formidable, massive, qui domine le siècle. De la blessure inguérissable du 4 septembre, il a tiré une force sidérante, prouvant combien « les grandes douleurs sont une dilatation gigantesque de l'âme[17] ». Et de ses songes effrayants, de ses angoisses enténébrées, il s'apprête à tirer un livre monument, *La Légende des siècles*.

---

16. *Les Contemplations, A celle qui est restée en France*, pp. 515-526, *op. cit.*
17. *Quatrevingt-treize*, p. 412, *op. cit.*

Chapitre quatorze

Adèle H.

Quand on pense à elle, à son visage grave, à sa silhouette altière et à sa destinée tragique, le cœur se serre. Comme il est cruel, le sort d'Adèle H., la petite dernière de la famille Hugo ! L'autre fille, celle qui n'est pas morte, celle qui reste là, bien vivante et si malheureuse, longtemps après la date fatidique du 4 septembre 1843, coincée entre des parents meurtris, hantés par le fantôme de la noyée. Celle qui, la trentaine venue, prend la fuite, s'abîme dans une obsession amoureuse sans espoir et sans fin, et qui, survivant à toute sa famille, meurt à l'asile en 1915. Adèle n'a même pas un prénom à elle, on l'a nommée comme sa mère, et son existence paraît d'emblée compliquée, douloureuse. Les parents Hugo datent leurs plus doux souvenirs de la naissance de Léopoldine, alors que celle d'Adèle – en 1830, juste avant que ne soit consommée la

213

romance avec Sainte-Beuve – est entourée du nuage noir de la discorde. En 1845 – elle a quinze ans –, Sainte-Beuve, son parrain, publie un *Livre d'amour* entièrement consacré à la passion qu'il ressent toujours pour Madame Hugo. Au détour d'un poème, il suggère carrément que la petite Adèle est sa fille. Choc affreux pour le père réel, qui oublie aussitôt la réconciliation tout juste amorcée avec son ami de jadis. On sait bien que ce n'est pas vrai, que Sainte-Beuve prend ses désirs pour des réalités, mais pour l'adolescente qui se sent déjà différente, à part, dans le groupe si soudé que forme sa famille, reste l'ombre d'un doute vague, d'une suspicion insistante.

Adèle traverse la correspondance de Léopoldine comme une petite silhouette têtue, inquiète, attachante. A l'âge où l'on se dispute les poupées et l'attention des parents, les deux petites filles connaissent des différends, bien sûr, mais leur affection réciproque est manifeste. Aux côtés de l'enfant rieuse qu'est Léopoldine, Adèle apparaît comme une fillette sombre, agitée, avec – selon sa mère – « des journées où l'on en vient difficilement à bout[1] ». L'aînée est bien d'accord, confiant à Louise Bertin : « Dédé est bien méchante parce quelle (*sic*) est très jalouse, mais je l'aime tout de même parce

---

1. *Correspondance de Léopoldine Hugo*, lettre d'Adèle Hugo à Martine Hugo du 5 octobre 1835, p. 105, *op. cit.*

quelle est très jantie (*sic*) [2]. » Et ailleurs : « Dédé est toujours bien gentille mais elle est bien criarde [3]. » Léopoldine exprime sans relâche sa tendresse pour cette petite sœur un peu difficile, qui donne bien du souci à leurs parents. Jamais elle ne la critique vraiment – criarde ou jalouse, elle reste « toujours bien gentille ». Et quand sa sœur a sept ans, Léopoldine la contemple avec adoration, déclarant à Julie Foucher : « Dédé est beaucoup mieux, elle pousse comme un petit champignon et est jolie comme un amour [4]. » Pendant les premières vacances à Villequier, elle rit – sans méchanceté aucune – de la voir si peureuse – restant prudemment au sol tandis que Didine tente l'ascension vertigineuse de Jumièges, réclamant de revenir sur la terre ferme au lieu de s'abandonner aux délices du premier bain de mer. Différence de tempéraments, sans doute ; et puis, pour l'accompagner dans toutes ces audaces, Léopoldine peut serrer bien fort la main d'un jeune homme empressé tandis qu'Adèle est, déjà, irrémédiablement seule.

On imagine la tragédie qu'est la mort de Didine pour la jeune Adèle. La souffrance infinie de voir disparaître son modèle, sa complice, sa deuxième maman. Mais aussi le drame de perdre sa rivale,

---

2. *Ibid.*, lettre de fin mai ou début juin 1833, p. 54.
3. *Ibid.*, lettre du 16 août 1833, pp. 67-68.
4. *Ibid.*, lettre du 11 août 1837, p. 143.

l'objet d'une jalousie forcément passionnée. Que pouvait-elle ressentir d'autre lorsque le père adulé donnait des textes à recopier à la seule Léopoldine, quand il lui dédiait maint poème enflammé ? Que s'est-elle dit en le voyant sous le choc, larmes aux yeux, cheveux blanchis, au moment de ses fiançailles ? Dans le secret de son cœur, Adèle nourrissait un espoir fou : celui d'être, un jour, la source exclusive du bonheur de ses parents. Las ! La mort tragique de son aînée rend le combat à jamais inégal. On ne peut pas lutter contre un fantôme. Pas loin d'être sanctifiée de son vivant, la jeune Léopoldine passe, définitivement, du côté des anges le jour de sa mort. Et Adèle reste, pour son malheur, du côté des vivants, imparfaits et sans gloire.

*

Parce qu'Hugo a tant écrit sur Léopoldine, parce que sa chevelure de jais, son mariage éclair et les eaux troubles de la Seine l'ont transformée en héroïne romantique, on voit souvent Adèle comme le mouton noir de la famille. Quand Truffaut la met en scène, les journalistes se moquent : beaucoup trop belle, la jeune Isabelle Adjani, pour jouer Adèle H., la cadette négligée de la famille Hugo, la folle qui fait fuir le lieutenant Pinson ! Le préjugé est idiot : aux dires de tous ceux qui ont croisé sa route, Adèle était belle, et plus encore que sa sœur. Balzac confie ainsi à Madame Hanska, sans craindre de la vexer : « La seconde fille de Hugo est la plus grande beauté que j'aurai vue de ma vie[5]. » Et Berlioz avait beau s'ennuyer, rue de La Tour d'Auvergne, il n'en appréciait pas moins « la grâce extrême » de la jeune fille de la maison. Théodore Pavie – ami de la famille – croque ainsi sa silhouette poignante accablée par le fantôme de sa sœur morte : « La Dédé grandit, s'allonge, belle sous ses habits de deuil, assise près des portraits multiples des infortunés époux disparus sous les flots[6]. »

Autre idée préconçue, et injuste : Adèle aurait été négligée, mal aimée. Sa folie s'expliquerait par la préférence constante, scandaleuse, que ses parents auraient accordée à Léopoldine. Grossière simplification. Bien sûr, Léopoldine a un statut particulier dans la famille ; elle en est l'âme, le sourire, l'élan vital. Ce qui n'empêche pas Adèle d'être couvée avec amour par sa mère et par le « périssime » Hugo. Dans *Les Contemplations*, il réserve une place particulière au souvenir des deux sœurs lisant ensemble, une pensée attendrie qu'il n'aura pas pour ses fils :

> *« Moi, j'écoutais... – ô joie immense*
> *De voir la sœur près de la sœur !*

5. Cité dans *Victor Hugo (avant l'exil)*, p. 876, *op. cit.*
6. Cité dans la préface du *Journal d'Adèle Hugo*, p. 51, *op. cit.*

Mes yeux s'enivraient en silence
De cette ineffable douceur[7]. »

Et encore cette évocation délicieuse, écrite un an avant la mort de Didine, où le même émerveillement englobe les deux demoiselles Hugo :

« Dans le frais clair-obscur du soir charmant qui tombe,
L'une pareille au cygne et l'autre à la colombe,
Belles et toutes deux joyeuses, ô douceur !
Voyez, la grande sœur et la petite sœur
Sont assises au seuil du jardin, et sur elles
Un bouquet d'œillets blancs aux longues tiges frêles,
Dans une urne de marbre agité par le vent,
Se penche, et les regarde, immobile et vivant,
Et frissonne dans l'ombre, et semble, au bord du vase,
Un vol de papillons arrêté dans l'extase[8]. »

Alors bien sûr, les Hugo gardent précieusement les reliques de Léopoldine, mais ils ont aussi conservé des souvenirs de l'enfance d'Adèle, notamment son berceau qui trône encore place Royale alors que la petite dernière est déjà adolescente.

Le plus touchant sans doute, et le plus surprenant par rapport à la légende, c'est la sollicitude inquiète dont Hugo entoure sa seconde fille après la mort de

---

7. *Les Contemplations*, livre quatrième : *Aujourd'hui/Pauca meae*, poème VII : *Elle était pâle, et pourtant rose*, pp. 284-285, *op. cit.*

8. *Les Contemplations*, livre premier : *Autrefois/Aurore*, poème III : *Mes deux filles*, p. 56, *op. cit.*

Léopoldine. Se déploie là, entre les lignes, une sen-
sibilité infinie au drame d'Adèle, une capacité admirable à oublier sa douleur de père pour alléger le
fardeau de sa fille. « Ma Dédé bien-aimée, je suis
parti sans t'embrasser mais en pensant bien à toi »,
lui écrit-il alors qu'elle est avec sa mère en pèlerinage à Villequier, un an après la disparition de la
sœur aînée. « Je me disais que c'est un triste lundi,
mais qu'il serait suivi d'un lundi charmant où je
te verrais. Mon doux ange, pense à moi de ton
côté. Presque tout mon cœur est à Villequier en ce
moment et même quand vous serez reparties, il y
restera. Dieu est grand et bon, avec le temps il mêle
des pensées douces aux pensées tristes ; on garde sa
piété et son deuil et en même temps on est heureux de vivre au milieu de ceux qui vivent et nous
aiment. Aie aussi ces idées mon ange, et sois heureuse, et rends ta bonne mère heureuse. Je veux
que tu ries, que tu cours, que tu joues au billard,
que tu joues au nain jaune, que tu manges comme
une ogresse et que tu m'aimes[9]. » Les larmes mon-
tent aux yeux à lire cette supplique passionnée, destinée à rester lettre morte. Si seulement elle avait
pu, Adèle, courir et manger comme une ogresse,
jouer au billard et au nain jaune, au lieu de nourrir une obsession morbide du destin grandiose de
sa sœur...

---

9. Lettre du 29 octobre 1844, citée dans la préface du *Journal d'Adèle Hugo*,
pp. 51-52, *op. cit.*

En mars 1852, Adèle H. a vingt-deux ans. Elle a déjà dépassé de trois ans l'âge qu'avait Léopoldine à sa mort. Au lieu de se marier comme son aînée, comme le voudrait aussi la norme de l'époque, elle a repoussé tous les prétendants. Elle en repoussera encore, des poètes comme Alfred Busquet et Cannizaro, des proscrits comme Théodore Mézaise et même un prince, l'Italien Pignatelli. Il n'y a guère eu qu'un homme pour lui plaire un moment, quand il lui a révélé ses sentiments, un jour de printemps dans la splendeur de la campagne normande. Oui, un après-midi de 1846, à Villequier, Auguste Vacquerie – le frère de Charles, l'amoureux éconduit de Léopoldine – a déclaré sa flamme à la petite Adèle. Déclaration à vous tourner la tête : là, sur les lieux mêmes du coup de foudre de la grande sœur, à quelques mètres de la tombe où elle repose auprès de son bien-aimé… des mots d'amour ! Et prononcés par un Vacquerie ! Adèle croit rêver, elle n'a jamais été si proche de son rêve : devenir Léopoldine, redonner corps à la disparue, combler le désir de toute sa famille en la ressuscitant.

Qui sait si Adèle aurait échappé à la folie sans cet amour affiché d'Auguste ? Sans la possibilité toute proche, grisante, effrayante, de joindre sa destinée à celle de sa sœur morte ? Elle n'épouse pas Monsieur Vacquerie, mais elle y pense fort ; l'idée, obsédante, tourne dans sa tête enfiévrée ; en mars 1852 donc,

elle écrit dans son journal : « Pourquoi ne pas
mourir, une femme exceptionnelle, jeune, belle,
élevée, grande, amoureuse, digne fille de Victor
Hugo, mourant femme digne avec un homme
exceptionnel ainsi supérieur, grand et unique par
l'esprit comme par le cœur. Et je vois notre tombe
jointe à l'autre, et je nous vois, ma sœur et moi,
les deux filles de Victor Hugo, passant comme
des figures typiques à la postérité [10]. » Terrifiante
image, dont on comprend, pourtant, la séduction,
la beauté froide, glaçante de l'impitoyable symétrie !
Les demoiselles Hugo, beautés brunes et jumelles,
épouses de deux frères au noble cœur, mortes et
enterrées côte à côte, mains jointes, en une étreinte
éternelle.

Ce vertige, ce fantasme ne quittent pas la pauvre
Adèle. « Pourquoi mon amour pour Auguste n'est-il
pas plus développé ? », s'interroge-t-elle encore, « si
je l'aimais comme autrefois, je serais bien digne
sœur de ma sœur ; je saurais bien mourir avec
lui [11] ». Être digne de sa sœur, c'est donc mourir
comme elle ? On dirait, à lire Adèle, que Léopoldine n'a pas disparu à cause d'un malheureux accident mais par l'effet de sa volonté, pour se forger
un destin grandiose et poétique à la hauteur du
mythe paternel ! Signe que l'on n'échappe pas à

---

10. *Journal d'Adèle Hugo*, p. 152, *op. cit.*
11. *Ibid.*, p. 152.

sa destinée familiale : comme son père, Adèle voit des signes partout, elle interprète les plus petits événements, traque les coïncidences. Sa folie sera celle-là : dans l'indifférence du lieutenant Pinson, elle verra une preuve d'amour ; dans ses refus, des déclarations enflammées ; dans sa quête désespérée d'une passion romantique, le signe de sa propre grandeur.

*

C'est habitée par ce sombre idéal – s'approprier le destin de Léopoldine – qu'Adèle participe aux séances de tables tournantes de Jersey puis de Guernesey. Elle tremble d'excitation à l'approche du fantôme ; elle prête une oreille fiévreuse aux propos venus de l'au-delà. Léopoldine l'attend-elle ? Veut-elle qu'elle la rejoigne ? A-t-elle un autre souhait, une autre vision de sa destinée, elle qui est baignée des lumières éternelles ? Adèle guette. Elle interroge les esprits dans la solitude de sa chambre. Peut-être pour se protéger de l'attirance trop forte du gouffre, elle en vient à s'éprendre ailleurs. Oublié, cet Auguste qu'elle connaît depuis qu'elle est gamine, cet homme sévère, grave, pénétré de souffrance ! Finies la concurrence muette avec sa sœur défunte, la vie trempée de larmes entre son ancien galant et ses parents inconsolables ! Adèle en aime un autre, un jeune militaire anglais que sa sœur n'a pas connu, ne connaîtra jamais. Albert Pinson est en poste à Guernesey, il a des dettes de jeu, il s'ennuie. Mademoiselle Hugo le couve de son beau regard sombre, elle a la taille souple et un teint d'albâtre; c'est un esprit noble, cultivé, une pianiste admirable. Pinson lui fait la cour; le père, éternel jaloux, le voit d'un mauvais œil; Adèle prend la plume. Pour gagner l'assentiment de Victor, tous les moyens sont bons, même la comparaison avec l'époque lointaine où il renâclait devant l'union de Charles et Léopoldine : « Tu as résisté à ce mariage, permets-moi de te le dire : peut-être est-ce bon signe? Autrefois tu résistais à un autre mariage, et ton gendre a apporté à ta première fille la dot splendide d'un grand amour, tu avais dit pourtant "Triste mariage, pauvre mariage", tu as dédaigné ce noble jeune homme, et puis un jour tu as avoué au monde entier que tu en étais fier, car cet obscur jeune homme : c'était le Dévouement. L'obscur jeune homme que tu dédaignes aujourd'hui est peut-être le Cœur (...). Je te recommande Albert, en souvenir de Didine [12]. » La pensée de sa sœur ne quitte pas Adèle, elle espère épouser « le Cœur » là où son aînée avait trouvé « le Dévouement ». Et c'est avec une pointe de cruauté qu'elle souligne les manquements de son

---

12. Lettre du 20 décembre 1861, citée dans *Victor Hugo (pendant l'exil)*, p. 684, *op. cit.*

père, l'accuse, implicitement, d'avoir voulu priver sa fille du « grand amour »... L'argument porte : Hugo consent au mariage... Mais Pinson ne fait pas sa demande, son régiment est envoyé à Halifax, il disparaît.

Alors, après plus d'un an d'attente inutile, Adèle s'en va ; elle prend la fuite, amoureuse de trente-trois ans qui échappe pour la première fois de sa vie à la compagnie de ses parents. Elle s'installe à Halifax, noircit les pages de son journal, traque le beau lieutenant Pinson. A Guernesey, c'est la consternation, Hugo en est malade : sa deuxième fille disparue à son tour, de l'autre côté de l'Océan, ravie par un homme qui la néglige et la méprise ! On envoie François-Victor la chercher. Avec amour et douceur, il tente de la convaincre de rentrer mais il se rend vite à l'évidence : « Aucune puissance humaine ne fera revenir Adèle en Europe tant que M. P*** sera en Amérique [13]. » La folle errance dure plus de dix ans, du Canada à La Barbade, Adèle sombre dans la folie pure, elle écrit son journal en langage codé, elle oublie tout, sa famille, ses amis, son existence réglée de jeune fille du monde. Comme Léopoldine enfin, Adèle se noie, Adèle s'abîme, Adèle disparaît.

---

13. *Journal d'Adèle Hugo*, lettre de François-Victor Hugo à sa mère, septembre 1864, p. 92, *op. cit.*

Chapitre quinze

« Demain, dès l'aube »

Le souvenir d'une enfant sage qui visite la chambre de son père et s'enfuit dans un éclat de rire, les mots d'amour filial et les élans sensuels de la correspondante enfiévrée, la silhouette d'une jeune fille brune qui fit tourner les têtes avant de s'abîmer dans la Seine. Des vêtements jaunis par le temps : la robe de mariée, conservée à Villequier ; le bout de jupe de laine dont les parents avaient fait une relique sacrée. Un album comme les composaient les demoiselles de la bourgeoisie de l'époque, avec sous la couverture mauve des poèmes de Lamartine, l'ami de la famille, quelques odes enflammées signées des soupirants Auguste Vacquerie et Anthony-Thouret, et des dessins appliqués. Voilà tout ce qui reste de Léopoldine Hugo.

Pourtant, elle revit à chaque instant, dès qu'un lecteur ouvre *Les Misérables* et s'éprend de cette

Je ne puis demeurer loin de toi plus longtemps...

Cosette toute possédée de son fantôme, dès qu'un autre verse des larmes sur ces somptueux chants d'amour des *Contemplations* qui la peignent du berceau à la tombe, espiègle et tendre, infiniment présente. Ce rendez-vous amoureux avec sa fille morte du poète de *Demain dès l'aube*, il est le nôtre aussi, bien après l'âge enfantin où on l'apprend à l'école, sans en comprendre pleinement la beauté sombre :

« *Demain, dès l'aube, à l'heure où blanchit la campagne,*
Je partirai. Vois-tu, je sais que tu m'attends.
J'irai par la forêt, j'irai par la montagne.
Je ne puis demeurer loin de toi plus longtemps.

Je marcherai les yeux fixés sur mes pensées,
Sans rien voir au-dehors, sans entendre aucun bruit,
Seul, inconnu, le dos courbé, les mains croisées,
Et le jour pour moi sera comme la nuit.

Je ne regarderai ni l'or du soir qui tombe,
Ni les voiles au loin descendant vers Harfleur,
Et, quand j'arriverai, je mettrai sur ta tombe
Un bouquet de houx vert et de bruyère en fleur [1]. »

*

1. *Les Contemplations*, livre quatrième : *Aujourd'hui/Pauca meae*, poème XIV : *Demain, dès l'aube*, p. 295, *op. cit.*

« Demain, dès l'aube »

« Est-ce donc la vie d'un homme ? », écrit Hugo dans la préface à cette autobiographie poétique que sont *Les Contemplations*. « Oui, et la vie des autres hommes aussi. Nul de nous n'a l'honneur d'avoir une vie qui soit à lui. Ma vie est la vôtre, votre vie est la mienne, vous vivez ce que je vis ; la destinée est une. Prenez ce miroir et regardez-vous-y [2]. » En racontant ce qu'il a eu de meilleur – ce lien passionnel avec sa fille, les mille détails de son bref passage sur terre, la sensation aérienne de sa présence à ses côtés –, Hugo nous fait sentir ce que nous avons de plus cher. Et il nous confie Léopoldine, devenue notre fille, et notre sœur, notre double et notre enfance perdue.

2. *Ibid.*, p. 48.

BIBLIOGRAPHIE

Œuvres de Victor Hugo citées

Romans

L'Homme qui rit (1869), Folio Classique, 2007.
Les Misérables (1862), deux tomes, Folio Classique, 2006.
Les Travailleurs de la mer (1866), Folio Classique, 2006.
Quatrevingt-treize (1874), Folio Classique, 2001.

Poésie

Les Contemplations (1856), Pocket Classiques, 2007.
La Légende des siècles (1859), NRF Poésie Gallimard, 2002.
L'Art d'être grand-père (1877), NRF Poésie Gallimard, 2002.

Théâtre

Le Roi s'amuse (1832), GF Flammarion, 2007.
Ruy Blas (1838), Pocket, 2008.
Les Burgraves (1843), GF Flammarion, 1985.

Divers

Lettres à Léonie, Mille et une nuits, 2007.
Récits et dessins de voyage, Renaissance du livre, 2001.

Œuvres de l'entourage de Victor Hugo

Correspondance de Léopoldine Hugo, Klincksieck, 1976.
Le Journal d'Adèle Hugo, Minard, 1968.

Souvenirs 1843-1854, Juliette Drouet, éditions Des Femmes-Antoinette Fouque, 2006.
Lettres de Juliette Drouet à Victor Hugo, Fayard, 2001.

Ouvrages biographiques

Victor Hugo (avant l'exil), Jean-Marc Hovasse, Fayard, 2001.
Victor Hugo (pendant l'exil I), Jean-Marc Hovasse, Fayard, 2008.
Hugo et Sainte-Beuve : vie et mort d'une amitié " littéraire ", Michel Brix, Kimé, 2007.
Léopoldine, l'enfant-muse de Victor Hugo, Henri Gourdin, Presses de la Renaissance, 2007.
Léonie d'Aunet, Françoise Lapeyre, JC Lattès, 2005.

Autres

Chez Victor Hugo. Les tables tournantes de Jersey, L'Ecole des lettres, 1996.
Histoire de la voyance et du paranormal, Nicole Edelman, Le Seuil, 2006.
Napoléon III, Eric Anceau, Taillandier, 2008.
Lettres d'une vie, George Sand, Folio Classique, 2004.

TABLE

Cet ouvrage a été composé et imprimé
en février 2010 par

FIRMIN-DIDOT

27650 Mesnil-sur-l'Estrée
N° d'édition : 16066
N° d'impression : 97164
Dépôt légal : février 2010

Imprimé en France